Kurt Witzenbacher
Kaddisch für Ruth

Kurt Witzenbacher

Kaddisch für Ruth

Erinnerung an meine
jüdische Freundin

Quell

ISBN 3-7918-1717-5

© Quell Verlag, Stuttgart 1996
Printed in Germany · Alle Rechte vorbehalten
1. Auflage 1996
Lektorat: Hans-Joachim Pagel
Umschlaggestaltung: Röger & Röttenbacher, Leonberg
Gesamtherstellung: Maisch & Queck, Gerlingen

*Im Gedenken an Ruth
und ihre Eltern*

»Sieh, Herr, die Toten kommen zu dir.
Die wir geliebt, sind allein
und sehr weit.
Nun müssen wir ihre Munde sein
und beten zu dir,
du Ewigkeit.«

Georg Kafka

קדיש יתום

יתגדל ויתקדש שמה רבא בעלמא די־ברא כרעותה וימליך מלכותה בחייכון וביומיכון ובחיי דכל־בית ישראל בעגלא ובזמן קריב ואמרו אמן:

יהא שמה רבא מברך לעלם ולעלמי עלמיא:

יתברך וישתבח ויתפאר ויתרומם ויתנשא ויתהדר ויתעלה ויתהלל שמה דקדשא.

בריך הוא לעלא (בעשרת ימי תשובה:)
(ולעלא) מן כל ברכתא ושירתא תשבחתא ונחמתא דאמירן בעלמא ואמרו אמן:

יהא שלמא רבא מן שמיא וחיים עלינו ועל כל־ישראל ואמרו אמן:

עשה שלום במרומיו הוא יעשה שלום עלינו ועל כל־ישראל ואמרו אמן:

Das Kaddisch – Gebet für Trauernde

Erhoben und geheiligt
werde sein großer Name in der Welt,
die er nach seinem Willen erschaffen.
Er lasse sein Reich kommen
in eurem Leben und in euren Tagen
und in dem Leben des ganzen Hauses Israel,
bald und in naher Zeit.
Darauf sprecht Amen.
Sein großer Name sei gepriesen
in Ewigkeit und Ewigkeit der Ewigkeiten!
Gepriesen und gelobt, verherrlicht und erhoben,
erhöht und gefeiert, hocherhoben und bejubelt
werde der Name des Heiligen, gelobt sei er,
der erhaben ist über allen Preis und Gesang,
Lob und Lied, Huldigung und Trost,
die in der Welt gesprochen werden.
Darauf sprecht Amen.
Des Friedens Fülle und Leben
möge vom Himmel herab
uns und ganz Israel zuteil werden.
Darauf sprecht Amen.
Der Frieden stiftet in seinen Höhen,
er stifte Frieden unter uns und ganz Israel.
Darauf sprecht Amen.

Prolog

»Jitgadal we jitkadasch schmej raba...« – »Erhoben und geheiligt werde sein großer Name...«

Heute am Freitagabend wird in der Synagoge kaddisch gesagt, Lobpreisgebet und Gebet für Trauernde. Der Gottesdienst neigt sich dem Ende zu. Kaum mehr als zwanzig Beter haben sich in der Synagoge versammelt. Aber kaddisch kann gesagt werden. Ein Minjan ist zusammengekommen, zehn religionsmündige männliche Beter.

Der Kantor bewegt sich im Rhythmus des Betens vor und zurück. Er verneigt sich vor jedem Wort. Heilige Worte, denen mit Ehrfurcht zu begegnen ist. Mein Siddur, das Gebetbuch, bleibt geschlossen. Ich kann das Gebet nach so langen Jahren auswendig, spreche es leise mit. Laut klingt nach wenigen Worten immer das Amen durch die Synagoge.

Alle sagen sie kaddisch mit heiligem Ernst, leise und laut. Manche verharren bei einzelnen Lobpreisen. Herr Loeb allerdings hat es wie immer eilig, als laufe ihm die Zeit davon. Sein Kaddisch kommt wie ein schnelles Stakkato.

Mir entgleiten die Gedanken. Sie steigen wie die Gebetsworte im Synagogenraum empor. Hoch zum Davidstern in der Mitte der Dachkuppel. Seine Konturen schweben vor einem dunklen Abendhimmel. Ich blicke zu ihm hinauf. Erinnerungen werden wach.

In meinen Kinderjahren habe ich das Kaddisch viele Freitagabende in der alten Synagoge gehört. Doch das ist lange her. Herr Rosenberg, Ruths Vater, war ein frommer Jude. Er hat mich viele Male zum Freitagabendgebet mitgenommen. Ruth, meine Spielgefährtin und Freundin aus jenen Tagen, hat mich dann sonntags zum Kindergottesdienst in die evangelische Kirche begleitet.

Das Kaddisch heute abend läßt Vergangenes lebendig werden. Um mich her das Murmeln der Beter: Höre ich nicht den alten Herrn Schilling und Herrn Seidenmann beten? Doch nein: Es gibt sie nicht mehr. Verschwunden, gestorben, ermordet. Von der alten Synagoge kündet nur noch eine patinageschwärzte Gedenktafel. Und Ruth, ihr Vater, ihre Mutter? Auch sie sind nicht mehr. Auch ihre Spuren sind verweht.

Doch heute ist mir, als ob ich wieder neben Ruths Vater säße. Ich sehe mich ganz deutlich: ein kleiner Junge, etwas pummelig, hellwach und lernbegierig.

Ich schließe die Augen. Der alte Synagogenraum taucht vor mir auf. Ruth sitzt oben auf der rechten Frauenempore und winkt mir zu. Farbige Bilder aus der kurzen Zeit unserer Kinderfreundschaft umgaukeln mich.

Aber auch schwarze Schatten kriechen aus den Ecken, bedrängen mich, lassen mich frösteln. Kann ich versteinerte Erinnerungen zu neuem Leben erwecken? Nicht nur die freudevollen Stunden und Minuten des Beisam-

menseins, auch das Leid, das über uns schicksalhaft hereinbrach? Kann ich davon erzählen?
Ich trauere um Ruth. Ihr sage ich heute abend kaddisch. Ruths Gesicht taucht vor mir auf: die langen schwarzen Haare, die dunkelbraunen Augen und das immer etwas verschmitzte Lächeln um den Mund, ihr leises und manchmal glucksendes Lachen. Sie ist in meinen Gedanken so greifbar nahe und doch so unerreichbar weit weg. Bald siebzig Jahre wäre sie jetzt alt, aber kaum mehr als zehn Jahre waren ihr zu leben vergönnt.
Und so verweben sich farbenfrohe Bilder und düstere Schatten zur Geschichte einer jäh zerstörten Kinderfreundschaft. Keine einfache Geschichte. Doch ich will versuchen, sie einfach zu erzählen.
»Laß mich sprechen, und es wird mir leichter werden!«
Hiob 32, 20

I

Ein Pfiff schrillte durch das Treppenhaus.
Mein Urgroßvater stand vor seiner Wohnungstür im Erdgeschoß und pfiff auf seinem hohlen Hausschlüssel. Das bedeutete immer: Sofort antreten zum Befehlsempfang! Er verstand darin keinen Spaß. Meine Großmutter, seine älteste Tochter, ließ auch alles stehen und liegen und rannte die Treppe hinunter.
»Heute ziehen die Rosenbergs ein. Hast du die Wohnung geputzt?«
Gestern mittag hatte ich Großmutter dabei geholfen. Für einen kleinen Jungen ganz schön stressig: Mit dem großen Besen ausfegen, mit dem Putzlappen aufwischen, den Eimer ins Klo schleppen und ausleeren, dann in der Küche frisches Wasser holen...
Ich tat es nicht ganz ohne Eigennutz. Mein Urgroßvater hielt immer eine kleine Belohnung bereit. Und mehr noch: Unsere neuen Nachbarn auf dem Stockwerk sollten, wie mein Urgroßvater verkündet hatte, ein Kind in meinem Alter haben. Hoffentlich einen Jungen! Endlich einen Spielgefährten im Haus haben!
Vielleicht sind es auch jüdische Mieter wie ihre Vorgänger? Im »Dörfle« wohnten viele jüdische Familien. Manche Nachbarn vermuteten, mein

Urgroßvater sei wegen seines jüdisch klingenden Namens auch Jude. Nun ja, ein Christ war er eigentlich auch nicht. Wenn unser Pfarrer meinem Urgroßvater Schuhe zum Reparieren brachte, sagte er manchmal: »Wenn Sie schon getauft sind, dann machen Sie mir doch sicher auch einen christlichen Preis?«

Mein Urgroßvater feierte in diesem Jahr seinen 88. Geburtstag, und er hatte noch eine unbändige Freude am Leben. Sie teilte sich mir immer wieder aufs neue mit. Stets war er zu einem Spaß aufgelegt.

Und Geschichten konnte er erzählen! Oft saß ich stundenlang bei ihm in seiner Schusterwerkstatt, dem Schaffzimmer, wie er es nannte, und lauschte seinen Erzählungen.

Vor vielen Jahrzehnten war er von seiner Heimatstadt Weimar aufgebrochen und als Schuhmachergeselle auf die Walz gegangen. Er erzählte oft von seinen Erlebnissen aus dieser Zeit. In ganz Deutschland war er herumgekommen und in Karlsruhe hängengeblieben.

Ihm gefiel es in der Residenz. Arbeit fand er reichlich. Bald hatte er auch seinen Meister gemacht. Vor mehr als fünfzig Jahren kaufte er dann dieses Haus: ein dreistöckiges Eckhaus mit einer großen Toreinfahrt. Das große zweiflügelige Holztor hatte noch eine kleinere Tür. Sie wurde fast ausschließlich benutzt. Das große Tor konnte aber auch ganz geöffnet werden.

Das war notwendig, wenn vor über hundert Jahren die Offiziere der nahegelegenen Kaserne mit ihren Kutschen in die Einfahrt bis vor die Treppe fuhren. Das Haus war 1834 als Offizierswohnhaus gebaut worden. Die Hauseinfahrt schmückten Wand- und Deckengemälde, die ihren Glanz auch nach so langer Zeit nicht verloren hatten.

Jetzt fertigte mein Urgroßvater keine neuen Schuhe mehr an. Er reparierte nur noch die Schuhe seiner Familie und die seiner alten Kunden.

»Als Schuhmachermeister sollte ich keine solchen Flickarbeiten annehmen, ich bin doch kein Flickschuster«, brummte er ab und zu.

Aber seine Augen machten nicht mehr so richtig mit, und die Kunden, die sich neue Schuhe anfertigen ließen, blieben auch mit der Zeit weg. Und er wollte doch nicht ganz untätig bleiben.

Seine Spaziergänge auf den Schloßplatz, auf denen Großmutter und ich ihn begleiteten, eine ausgedehnte Lektüre der Zeitung, bei uns Radio hören und ab und zu Schuhe flicken – das füllte seinen Tag aus.

Manchmal ließ er sich auch die Nazi-Zeitung, den »Stürmer«, bringen. Beim Lesen und beim Betrachten der Bilder ärgerte er sich jedesmal.

So pfiff er wieder einmal auf dem Hausschlüssel. Ich eilte zu ihm hinunter. Er deutete auf eine Zeichnung des »Stürmerjuden« und erinnerte mich an seinen früheren jüdischen Mieter.
»Hat der vielleicht so ausgesehen? Oder sehen der Schilling oder der Seligmann so aus? Das sind doch Menschen wie wir auch. So etwas würde der Führer sicher nicht gutheißen.«
Ich wußte es nicht. Dazu war ich noch zu klein. Aber Juden hatte ich kennengelernt. Und so sah wirklich keiner aus.
Das Bild des »Stürmerjuden« aber brannte sich in meine Seele ein. Wie teuflisch und wirkungsvoll war doch diese Art der Nazipropaganda! Uns Kindern prägten sich die Bilder ein: die Bilder der »Stürmerfibel«, die Bilder der Kinderbücher »Der Giftpilz« und »Trau keinem Fuchs auf grüner Heid und keinem Jud bei seinem Eid!«. Diese Bücher brachten Klassenkameraden in die Schule mit. Sie faszinierten mich, schreckten mich aber doch auch wieder ab und verwirrten mich. Das Gift dieser Bilder und Verse konnte nur langsam abgebaut werden und wirkt bis heute nach.
Großmutter ließ sich von meinem Urgroßvater immer die alten »Stürmer«-Nummern geben, um daraus Toilettenpapier zu schneiden. »Das einzige, wozu sich diese Zeitung überhaupt eignet«, war ihr Kommentar.

2

Mit der Drehklingel wurde an der Glastür geläutet. Das Klingeln gellte durch die ganze Wohnung. Dann klopfte es auch noch dreimal an die Tür. Meine Großmutter kam vom Wochenmarkt heim. Sie schleppte eine große Ledertasche voller Weintrauben.

»Die waren heute besonders billig!« verkündete sie triumphierend. Ich wußte, was uns erwartete: Wir durften mindestens eine Woche lang halblebige Trauben essen!

Großmutter war eine Meisterin beim Aufspüren eines »Schnäppchens«. In den meisten Läden unseres Viertels war sie für ihre geschickte und immer erfolgreiche Kunst des Handelns und Feilschens bekannt und gefürchtet.

Sie war aber auch beliebt, weil sie viel zu erzählen wußte und immer ein Späßchen machte. Für jede Branche hatte sie besondere Geschichten und Anekdoten bereit. Unser Metzger mußte über Großmutters Geschichten immer so lachen, daß er mir jedes Mal zum Dank ein besonders dickes Wursträdchen schenkte. Und die Bäckersfrau vergaß später im Krieg sogar dann und wann, die Brotmarken einzufordern.

»Heute gibt's Peterlingkartoffeln und Hering«, verkündete Großmutter.

Sie hatte aber keinen Peterling auf dem Markt bekommen, so gab es eben Peterlingkartoffeln ohne Peterling.

Großmutter kochte gut und kräftig. Sie liebte auch recht unübliche Zusammenstellungen: Bratkartoffeln mit Apfelbrei und Griebenwurst und dazu Malzkaffee, oder Kartoffelplättchen, Kressesalat und Buttermilch. Ich mußte alles essen, was gesund war und deshalb auch meist nicht besonders gut schmeckte. Großmutters Spinat erlangte traurige Berühmtheit. Er knirschte zwischen den Zähnen. So gründlich, wie es vielleicht gut gewesen wäre, durfte man ihn nicht waschen. Die Vitamine mußten ja drinbleiben! Und immer, wenn Großmutter sich anschickte, den gußeisernen Brattopf zu richten, wußte ich: Heute gibt es Dampfnudeln! So etwas Herrliches! Sie hatten eine krachige Kruste, die das Beste von allem war. Dampfnudeln gab's aber nicht so häufig. Sicherlich waren sie nicht besonders gesund. Und die in Weinflaschen eingelegten grünen Bohnen: Auch sie waren ein Gedicht! Das Gesündeste von allem aber mußte wohl Lebertran sein. Denn ihn bekam ich morgens, mittags und abends.

Vor unserem Haustor hörte ich einen Lastwagen bremsen. Sicher waren die neuen Mieter angekommen. Und mit ihnen mein Spielgefährte. Ich hastete die Treppe hinunter. Sie waren es: unsere

neuen Nachbarn, die Rosenbergs, Vater und Mutter und ... und ein Mädchen.
Das war eine herbe Enttäuschung. Was konnte man denn mit Mädchen spielen? Wir Buben spielten ja nicht mit Mädchen!
»Willst du uns helfen?« So ähnlich schien es zu klingen, was Herr Rosenberg mich fragte. »Biste a *goj* oder a *jidd*?«
Wie sollte ich das wissen? Waren das Namen, oder gar Schimpfwörter? Einige Zeit später verstand ich das Jiddisch unseres Nachbarn recht gut. Und schließlich sprach er ja nicht nur Jiddisch. Ein Goj ist also ein Nichtjude.
Aber ich mußte mich nochmals aufregen. Das Mädchen sagte zu ihrem Vater: »Tate[1], laß den Kleinen! Der versteht das ja doch nicht!«
Das schien gut anzufangen.
Unter der Haustür stand Urgroßvater und sagte mir, was ich hinauftragen sollte: die beiden in Seidenpapier eingewickelten Sabbatleuchter, einen kleinen Koffer, der aber so schwer war, daß ich ihn kaum schleppen konnte, ein großes Bild, vor dem mich grauste, als ich es ausgepackt sah. Auf dem Bild war die Judit dargestellt, die gerade dem Holofernes den Kopf abgeschlagen hat.
Und dieses Mädchen! Sie kommandierte mich

---

[1] Jiddisch; liebevolle Bezeichnung für Vater

ganz schön herum: »Trag das jetzt hinauf. Jetzt das... – Laß das! Das ist zu schwer für so einen kleinen Kerl wie dich!« Mir schwante nichts Gutes für die Zukunft.
»Wie heißt du denn?« fragte sie mich zuletzt.
Als ich es ihr sagte, meinte sie ein wenig schnippisch: »Vielleicht sage ich dir auch irgendwann, wie ich heiße!«
So ging es in einem fort. Sie half aber auch tüchtig mit. Von einem Mädchen hätte ich das gar nicht gedacht.
»Ruth ist es gewöhnt anzupacken«, meinte ihre Mutter. Ruth also hieß sie!
Ich hatte viel zu erzählen, als meine Mutter am Abend von der Arbeit heimkam. Von den neuen Mietern, und wie ich so kräftig mitgeholfen hatte.
»Vielleicht bekomme ich von den Rosenbergs auch wieder ein paar *Mazzen* ab oder *gfillte Fisch* zum Probieren?« fragte ich meine Mutter.
»Wart's ab«, war ihre Antwort.
»Und denk dir«, stammelte ich noch recht aufgeregt, »die haben ein Kind, und das ist ein Mädchen und heißt Ruth! Und ständig geärgert hat sie mich.«
»So schlimm wird das schon nicht sein«, beruhigte mich Mutter. Ganz gelang ihr das nicht. Doch sollte sie recht behalten.

3

In den nächsten Tagen ging ich Ruth noch aus dem Weg. Auch sie zeigte kein besonderes Interesse an mir. Aber dann überlegte ich mir, ob wir Ruth nicht doch mitspielen lassen könnten. Sie schien keines der »doofen Weiber« zu sein, mit denen wir auf keinen Fall spielen wollten. »Mit Weibern spielen wir nicht!« hieß unser Motto.
Ob Ruth auch Stecherles, Steinbock oder Zehnerles mitspielen kann? Das waren unsere beliebtesten Spiele auf dem Plätzle vor unserem Haus. Großmutter war aber grundsätzlich gegen diese gefährlichen Spiele.
Beim Stecherlesspiel mußte man eine Feile mehrere Male geschickt aus dem Handgelenk heraus in genau vorgeschriebenen Figuren so auf den Boden werfen, daß sie mit der Spitze im Sand stekkenblieb. Die ersten Spiele im großen Sandelkasten auf unserem Plätzle im letzten Jahr gingen an mich. Ich hatte bei meinem Urgroßvater eine große Feile »organisiert« und den Holzgriff herausgedreht. So eine große Feile hatte noch keiner aufgetrieben!
Als ich damals zum Mittagessen ins Haus kam, stand schon mein Urgroßvater unter der Tür. Er sah die Feile in meiner Hand. Sie war so groß, daß ich sie nicht verstecken konnte. Urgroßvater

sagte nur: »Na, hab ich dich?!« Die Achtung vor meinen Spielkameraden mußte ich jetzt mit einer Tracht Prügel erkaufen. Mein Urgroßvater benutzte dazu eines seiner Handwerkszeuge: den Spannriemen. Mit diesem Lederring spannte er die Schuhe auf seinem Oberschenkel fest. Oder er verhaute mich damit.

Steinbock war auch ein beliebtes Spiel unter uns Buben. Es war so etwas wie eine vereinfachte Ausgabe des französischen Boule-Spiels. Wir spielten es mit den würfelförmigen Pflastersteinen, mit denen unsere Straßen gepflastert wurden. Manchmal fiel einem so ein Stein auf den Fuß oder traf das Schienbein. Ein paar Narben an meinen Beinen erinnern mich noch heute an dieses Spiel. Großmutter jedenfalls war dagegen. Aber auch die Straßenarbeiter. Denn ihnen mußte man die Pflastersteine ja irgendwie abluchsen.

Das Zehnerlesspiel war nicht gefährlich, doch meine Großmutter meinte, es sei moralisch höchst fragwürdig. Mit Geld spielen? Dabei durfte ich mich von Urgroßvater oder Großmutter nicht erwischen lassen. Wir warfen Zehnpfennigstücke gezielt auf dem Gehweg gegen die Hauswand. Wessen Zehner am nächsten an der Wand lag, strich die anderen geworfenen Geldstücke ein. Er mußte sie auf den Handrücken legen, hochwerfen und mit derselben Hand auffangen. Alle Zehner, die er dabei greifen konnte, gehörten ihm.

Großmutter hatte schon recht. Irgendwoher mußten die Geldstücke ja kommen. Da war die Versuchung mächtig, sich Zehnpfennigstücke zu »organisieren«.

Dabei war es für mich gar nicht so einfach, auf der Straße mit den anderen Jungen zu spielen. Großmutter behütete mich wie eine Glucke ihr Küken.

»Du warst als ganz kleines Kind schwer krank. Das dürfen wir nie vergessen!« schärfte sie mir immer wieder ein.

Großmutter jedenfalls vergaß es nie. Bis in den Sommer hinein mußte ich zu kurzen Hosen lange wollene Strümpfe tragen. Die wurden an einem Leibchen befestigt. Nur bei erheblicher Sommerwärme konnte ich hoffen, Kniestrümpfe anziehen zu dürfen. Ein Pflichtkleidungsstück war auch der Wollschal. So angemustert kam ich mir immer wieder als Außenseiter vor. Die anderen Jungen durften Kniestrümpfe anziehen, auch wenn ihnen die Beine vor Kälte blau anliefen.

»Die anderen Buben dürfen schon...« Weiter kam ich nie mit meiner Argumentation. Großmutter hatte dazu nur zwei Antworten: »Hätt'sch gern!« und »Du bist nicht die anderen!« Ende jeder Diskussion.

Wie war das eigentlich bei Ruth? Ich kann mich nicht mehr erinnern. Als Einzelkind ohne Schwester kannte ich mich ohnehin in der »Weiberkleidung« nicht so aus. Jedenfalls trug auch sie lange Strümpfe, und das in jeder Jahreszeit.

Auf ein Kleidungsstück war ich jedoch stolz. Wenn ich heute alte Fotos von mir ansehe, stelle ich fest, daß ich in meinem Matrosenanzug mit der Matrosenmütze doch recht schmuck ausgesehen habe! Den Matrosenanzug durfte ich aber nur bei besonderen Gelegenheiten anziehen.

Etwas konnte ich mir überhaupt nicht erklären: Ruth durfte nicht auf das Plätzle zum Spielen. Nur einmal ließ ihre Mutter sie gehen. Und da geschah es auch schon. Edgars Mutter aus dem Nachbarhaus kam herunter und schrie Ruth an:

»Scher dich zum Teufel, du Juddebankert! Edgar darf mit so einer nicht spielen! Es ist schlimm genug, daß ein solches Bizzich überhaupt hier wohnen darf!«

Dabei hatte Ruth noch gar nicht mit ihm gespielt! Und daß man Ruth einen »Juddebankert« und ihre Familie »Bizzich« nannte, wollte mir nicht in den Kopf. Bizzich – das ist Abfall, den man in den »Bizzich-Eimer« wirft. Aber »Juddebankert«? Dieses Wort hatte ich noch nie gehört. Sicher war es ein schlimmes Schimpfwort.

Ruth rannte schluchzend ins Haus zurück. Von da an ließ ihre Mutter sie nicht mehr zum Spielen auf die Straße.

Mit Edgar wollte ich nun auch nicht mehr spielen. Das war allerdings kein heroischer Entschluß. Großmutter ließ mich ja eh recht selten aufs Plätzle.

»Spielt doch miteinander im Hof. Da dürft ihr jederzeit rein«, riet sie mir ein paar Tage später. Wen meinte sie damit? Mich und die anderen Buben oder gar mich und Ruth? Eine vorsichtige Nachfrage ergab: Sie meinte tatsächlich mich und Ruth! Mich und ein Mädchen! Ruth war sicher auch nicht unbedingt darauf aus, mit einem zwei Jahre jüngeren Jungen zu spielen.

Der Hof gehörte zum Haus meines Urgroßvaters. Zu ihm führten drei Türen: eine Tür aus der Küche meines Urgroßvaters, eine Tür vom Hausgang und eine vom Flur im Erdgeschoß aus. Aber alle drei waren stets verschlossen. Der Hof war nur für die zugänglich, die einen Schlüssel zu einer der Türen besaßen. Vielleicht sollten die Kaninchen, die mein Urgroßvater im Hof hielt, nicht gestört werden. Oder war es der Kastanienbaum, den er selbst vor vielen Jahren gepflanzt hatte?

Die Erlaubnis meiner Großmutter, jederzeit im Hof mit Ruth spielen zu dürfen, hatte aber schon etwas Verlockendes an sich.

Doch jetzt wurde es erst einmal Herbst. »Draußen könnt ihr bei Kälte, Schnee und Eis sowieso nicht mehr spielen«, meinte Großmutter. Für sie war der Herbst fast so schlimm wie der Winter.
Ruths Mutter sah das nicht so.
»Schauen Sie«, sagte sie eines Morgens zu meiner Großmutter, »es haben ja noch nicht einmal die *Hohen Feiertage* begonnen. Da könnten die Kinder doch sicher noch im Hof spielen?«
Frau Rosenberg hatte immer gute Argumente. Ohne sie und auch ohne meine Mutter wäre manches anders geworden mit Ruth und mir.

4

Herr Rosenberg, wußte inzwischen, daß ich ein *goj,* ein Nichtjude, bin. Wir waren deshalb alle überrascht, als er mich fragte, ob ich ihn und Ruth am kommenden Freitag zum Abendgebet in die Synagoge begleiten wolle.
Wo die Synagoge ist, wußte ich. Wir wohnten ganz in der Nähe. Als Ruth, ihr Vater und ich am Freitagabend dort ankamen, zog Herr Rosenberg noch auf dem Vorplatz vor dem Eingang ein kleines rundes Käppchen aus der Tasche und setzte es auf. Für mich hatte er auch eines mitgenommen. Ich kam mir damit ganz komisch vor.

Erst nach dem Gottesdienst erklärte er mir, was er damit gemeint hatte, als er mir das Käppchen auf den Kopf setzte und dazu sagte: »Jetzt hast du auch einen schönen Schabbesdeckel auf!«

Er schenkte mir die *kippa,* das Gebetskäppchen, das er mir aufgesetzt hatte. Es war aus dunkelblauem Samt und schön bestickt. Wie vieles andere ging es im Krieg verloren.

Wir stiegen die sechs Treppenstufen zum Eingang empor und betraten die Synagoge. Groß war sie und hoch, mindestens so groß wie unsere Stadtkirche. Ich blickte mich um: Es gab so viel zu sehen.

»Komm nach vorne. Dort ist mein Platz!« Wir gingen durch den langen Mittelgang bis zur dritten Bankreihe. Dort setzten wir uns auf Plätze, die Schilder mit dem Namen »Rosenberg« trugen. Ruth war nicht mehr bei uns. Ich hatte gedacht, sie würde sich neben mich setzen.

»Sie ist auf die Frauenempore hinaufgegangen!« flüsterte Herr Rosenberg.

»Kriegt sie auch einen Schabbesdeckel?«

»Nein, Mädchen und Frauen brauchen keinen aufzusetzen.«

Herr Rosenberg holte aus einem kleinen Kasten, der vor seinem Sitz befestigt war, ein großes weißes Tuch mit blauen Streifen und Quasten an den vier Ecken heraus. »Das ist mein *tallit,* der Gebetsmantel.« Er legte den Gebetsmantel über seine Schultern. In dem Kästchen war auch ein dickes Buch, das Gebetbuch, wie mir Herr Rosenberg sagte. »Am *schabbes* dürfen wir diese Sachen nicht mit in die Synagoge nehmen. Wir dürfen nichts tragen. Deshalb sind mein *tallit* und mein Gebetbuch immer hier im Kasten.«

In der Synagoge war es noch recht dunkel, obwohl es eine Unmenge Lampen gab. Aber keine von ihnen brannte. Nur ganz vorne leuchtete geheimnisvoll eine rote Lampe. Sie hing an einer langen Kette von der Decke.

»Das ist das *ner tamid,* das Ewige Licht.«

In der Synagoge sah es beinahe aus wie in unserer großen evangelischen Kirche: Rechts und links Säulen und Bögen, ein langer Mittelgang, zwei Seitenemporen, die Frauenemporen, zu denen Ruth hinaufgestiegen war. Vorne rechts entdeckte ich eine Kanzel. Hinter dem dunkelroten Vorhang stand bestimmt der Altar. Auf dem Vorhang waren zwei Löwen, die grimmig die Zähne fletschten, die Tafeln mit den Zehn Geboten und eine Krone aufgestickt.

»Das ist kein Altar! Das ist der *aron ha'kodesch,* die heilige Lade. Darin werden die *Tora-Rollen* aufbewahrt, die fünf Bücher Mose. Sie sind der heiligste Teil unserer Bibel.«

»Ist der Tisch davor ein Altar?«

»Das ist das Lesepult. Darauf wird die Tora-Rolle gelegt, wenn aus ihr am Samstagmorgen vorgelesen wird. Es heißt *almemor*.«

Eine nach der anderen der vielen Lampen begann zu leuchten. Es wurde langsam hell.

Manchmal konnte ich Herrn Rosenberg kaum noch verstehen. Die vielen Männer, wie er mit dem Gebetsmantel bekleidet, sprachen laut und durcheinander ihre Gebete. Jetzt setzte auch noch dröhnend die Orgel ein. Die Töne kamen von hinten. Wie in unserer Kirche stand sie auf der Empore über dem Haupteingang. Ruths Vater flüsterte nun nicht mehr. Er redete sogar recht laut. Es schien aber keinen zu stören.

»Wir singen zuerst ein Lied: ›*kabbalat schabbat*‹, ›Empfang des Schabbat‹.«

Es hatte eine schöne Melodie. Vom Text verstand ich aber nichts.

»Da kommt unser Oberkantor Metzger!«

Der Oberkantor hatte einen gewaltigen Schnurrbart und trug einen Talar wie unser Pfarrer. Er stand mit dem Rücken zu uns vor der heiligen Lade und las laut aus einem Buch. Ich verstand kein einziges Wort.

»Du mußt erst Hebräisch lernen, wenn du die Gebete verstehen willst!« sagte Herr Rosenberg lachend.

Ein einziges Wort verstand aber auch ich:

»Amen«! Das kam oft vor. Auch Namen glaubte ich herauszuhören, von denen ich im Kindergottesdienst schon gehört hatte: Abraham, Isaak, Jakob.

Ich paßte gut auf. Wenn sich die Männer erhoben, stand ich auch auf. Bei manchen Chorälen konnte ich beinahe mitsingen, so vertraut kamen mir einige Melodien vor.

»Hör gut zu! Jetzt sprechen wir unser Glaubensbekenntnis.«

»*Sch'ma jissroel, adonai elohenu, adonai echod...*« – »*Höre, Israel! Der Herr ist unser Gott, der Herr ist einer...!*«

»Und jetzt sagen wir *kaddisch*.«

Da hörte ich es zum erstenmal:

»*Jitgadal we jitkaddasch...*« –

»*Erhoben und geheiligt werde sein großer Name...*«

Einige der Männer verbeugten sich ständig beim Beten. »Aus Ehrfurcht«, sagte Herr Rosenberg.

Ein paar Gebete weiter – ich befürchtete schon, das Beten höre nie auf – sangen alle, der Oberkantor, die Männer und die Frauen auf der Empore, ein weiteres Lied:

»*Lecha dodi likrat kalah, penej schabbat nekabela...*«

»›Auf, mein Freund, der Braut entgegen, Königin Schabbat wollen wir empfangen.‹ So beginnt dieses Lied.«

Nach dem Lied standen alle auf und drehten sich zum Eingang.

»Wir begrüßen jetzt Königin Schabbat!«

Kurz darauf schüttelte mir Herr Rosenberg kräftig die Hand und sagte: »Gut Schabbes!« Einen guten Sabbat wünschte ich ihm auch. Allen Männern, die um mich herumsaßen, mußte ich die Hand schütteln und »Gut Schabbes!« rufen.

Ich schaute zur Frauenempore hoch. Meine Augen suchten Ruth. Ich sah sie in der ersten Reihe der rechten Empore sitzen. Sie bemerkte mich und winkte mir zu.

Am Eingang suchte ich vergebens nach dem Opferstock. Und ich hatte doch einen Zehner als Opfer mitgenommen!

»Am Schabbes dürfen wir kein Geld mit uns tragen«, erklärte Herr Rosenberg. »Deshalb gibt's bei uns keinen Opferstock und auch keinen Klingelbeutel!«

»Was meinst du, Ruth«, fragte er auf dem Nachhauseweg, »sollen wir deinen kleinen Freund einladen, bei uns einmal den Schabbes mitzufeiern?«

Ruth war schnell einverstanden. Ich aber war mir nicht so sicher, ob Mutter und Großmutter damit einverstanden sein würden. Am nächsten Morgen mußte ich ja zur Schule, während Ruth samstags, am *schabbes,* keinen Unterricht hatte.

Und daß Ruths Vater mich ihren »kleinen Freund« nannte, gefiel mir zu diesem Zeitpunkt auch nicht.

5

Doch Ruth und ich fanden langsam zueinander. Es gab Spiele, die wir miteinander spielen konnten. Sie war auch keines der »doofen Weiber«, mit denen wir Buben nicht spielen wollten.
Heute war noch einmal ein herrlicher Oktobertag mit strahlendem Sonnenschein, und ich natürlich wieder mit langen Strümpfen!
Wir spielten im Hof mit unseren Murmeln, den »Märwelen«. Dieses Spiel beherrschte Ruth perfekt. Wir klickten die Murmeln in das Murmelloch. Bis auf meine Lieblingsmurmel, eine in allen Farben schillernde große Glasmurmel, hatte ich alle anderen an Ruth verloren. Jetzt war sie dran. Sie zielte bedächtig. Sie wird bombensicher ins Loch treffen!
Daneben!
Ich konnte es kaum glauben: Ruth klickt daneben. Und ich traf und traf wieder, bis ich fast alle meine Murmeln zurückgewonnen hatte. Ruth aber traf kein einziges Mal. Erst als ich ihr verschmitztes Gesicht sah, wußte ich: Sie hatte ab-

sichtlich verloren. Nur drei Murmeln besaß sie noch, und ich hatte beide Hosentaschen voll!
Wir hatten jetzt beide keine Lust mehr weiterzuspielen. Nach dieser Glückssträhne wollte vor allem ich nicht mehr.
»Laß mich doch bitte mal eure Kaninchen anschauen!« bat mich Ruth.
In einer Ecke des Hofes stand der Stall, den mein Urgroßvater selbst aus Kisten gebastelt hatte. Bisher hatte ich es noch nie gewagt, die Stalltür zu öffnen. Urgroßvater war sehr eigen, was seine Kaninchen betraf. Doch jetzt mußte ich Ruth beweisen, was für ein Kerl ich bin. Ich hatte doch keine Angst vor meinem Urgroßvater!
Die Stalltür war mit einem hölzernen Schwenkriegel verschlossen. Ich versuchte, ihn herumzudrehen. Vergeblich. Ich zerrte wütend an dem Holzstück und hatte plötzlich den ganzen Riegel in der Hand. Die Stalltür stand offen, und die Kaninchen begannen, mit erstaunlicher Schnelligkeit herauszuklettern.
Mir wurde angst und bang. Ich mußte sie so schnell wie möglich in den Stall zurücktreiben. Aber wie? In der Hand hielt ich noch den Holzriegel. Mit ihm schlug ich nach den Kaninchen. Bis mir Ruth in den Arm fiel und mir den Riegel aus der Hand riß. Jetzt erst sah ich, was ich angerichtet hatte. Zwei der Kaninchen bluteten. Ich

hatte gar nicht bemerkt, daß in dem Riegel ein Nagel steckte. Damit hatte ich die Kaninchen verletzt.

Ruth nahm mich in den Arm und versuchte mir klarzumachen, daß es etwas sehr Schlimmes ist, andere, seien es Menschen oder Tiere, zu verletzen.

Die Stalltür öffnete ich nie wieder. Meine Untat stand mir auch nach vielen Jahren immer ganz deutlich vor Augen, wenn mich Mutwillen oder Angeberei oder ein Zornesausbruch verleiten wollten, gewalttätig zu werden. Ich sah dabei nicht nur die blutenden Kaninchen. Es waren die traurigen Augen, mit denen Ruth mich angesehen hatte, die mich von gewalttätigem Handeln zurückhielten.

Dreimal kam ich allerdings in den folgenden Monaten mit blutender Nase und einem blauen Auge heim: Ich hatte mich mit anderen Jungen für Ruth geprügelt. Aber Ruths Eltern wollten nicht, daß ich ihre Tochter mit der Faust verteidige. Auch Ruth bat mich, einfach nicht hinzuhören, wenn die Jungen etwas Gemeines über sie rufen.

Ich konnte nicht verstehen, daß es Eltern gab, die ihre Kinder nicht mit Ruth spielen ließen und über sie und ihre Eltern gehässig redeten.

»Die Juden sind die Mörder unseres Heilands. Sie

sind überhaupt an allem schuld!« Das sagte unser Nachbar Barth beim Bäcker und blickte mich dabei streng an.

Nun drängte er sich auch noch vor mich und fuhr mich an: »Ein Judenfreund wie du muß warten! Ein deutscher Junge spielt nicht mit Judenmädchen!«

Woher wußte er, daß Ruth und ich miteinander spielten? Nun, er schaute den ganzen Tag aus dem Fenster. Sonst hatte er anscheinend nichts zu tun. Meine Großmutter nannte ihn nur den »Goldfasan«. Das verstand ich nicht. Im Stadtgarten gab es auch Fasanen. Das waren aber Vögel.

»Das sind die Parteibonzen. Die tragen solche goldfarbenen Uniformen, und wir nennen sie deshalb Goldfasanen! Sag das aber niemand, hörst du?« klärte mich Großmutter auf.

Für mich war Herr Barth schon uralt. Er hatte eine Glatze, und ich glaubte, er sei mindestens hundert Jahre alt. Großmutter lachte. »Der ist noch nicht einmal sechzig!«

Der »Goldfasan« war nicht der einzige, der sich gehässig gegen Ruth und ihre Eltern verhielt. Im Nachbarhaus wohnten die Eltern Edgars. Sein Vater war SA-Mann und zeigte sich bei allen möglichen Gelegenheiten in seiner Uniform. Er und seine Frau konnten vom Küchenfenster aus unseren Hof einsehen. Ich weiß nicht mehr, wie oft seine Frau ihr Fenster weit öffnete und laut vor sich hinsagte, damit es ja alle hörten: »Jetzt spielt der Kleine schon wieder mit diesem Juddebankert!«

Die *Hohen Feiertage* kamen: *rosch ha'schana,* das jüdische Neujahrsfest, *jom kippur,* der Versöhnungstag, *sukkot,* das Laubhüttenfest, und *simchat tora,* das Tora-Freudenfest.
Herr Rosenberg nahm mich am ersten Tag des Neujahrsfestes mit in die Synagoge.
Manches Mal hatte ich mir schon die Ohren zuhalten müssen, wenn die große Orgel zu dröhnen begann. Doch was an diesem Neujahrstag geschah, war noch viel schlimmer. Ein mit dem Gebetsmantel bekleideter Jude setzte ein gebogenes Horn an die Lippen und begann darauf zu blasen. Es waren so laute und schrille Töne, wie ich sie noch nie gehört hatte.
»Das ist das *schofar,* das Widderhorn, das wir nur noch an *rosch ha'schana* blasen«, rief Herr Rosenberg mir ins Ohr. Hätte er geflüstert, ich hätte ihn nicht verstehen können, nicht einmal hören.
»Das *schofar* ist furchtbar laut, nicht wahr? Deshalb sind auch vor langer, langer Zeit die Mauern Jerichos eingefallen, als die Priester um die Stadt schritten und auf ihren Widderhörnern bliesen.«

»Jetzt grüßen wir uns alle mit: ›*Le schana towa tikatewu!* – Zu einem guten Jahr möget ihr eingeschrieben werden!*‹*« sagte am Schluß des Gottesdienstes Herr Rosenberg zu mir.

Am *jom kippur,* dem Versöhnungstag, wäre ich ganz gerne in die Synagoge mitgegangen. Doch leider mußte ich in die Schule. Auch riet Ruth mir ab.
»Weißt du, am Jom Kippur bleiben wir den ganzen Tag in der Synagoge. Das ist ein strenger Fasttag. Die Erwachsenen dürfen an diesem Tag nichts essen und nichts trinken! Vater zieht wieder sein Sterbehemd an, das ihm Mutter zur Hochzeit geschenkt hat.«
Das Sterbehemd? So etwas hatte ich noch nie gesehen. Jetzt war ich erst recht neugierig.
Aber meine Mutter sprach ein Machtwort: »Heute kannst du nicht mit! Geh lieber am Sonntag in den Kindergottesdienst.«
Ja, ich mußte unbedingt in den Kindergottesdienst! Ganz fest hatte ich mir vorgenommen, unseren Pfarrer zu fragen, ob es wirklich wahr ist, daß die Juden den Heiland umgebracht haben. Und er stillte meinen Wissensdurst und beruhigte mich: »Daß mir keiner von euch so dumme Dinge weitererzählt! Es waren nicht die Juden, die Jesus gekreuzigt haben. Das waren die Rö-

mer.« Wer nur waren die wieder? Aber, Gott sei Dank, die Juden waren es nicht. Unserem Pfarrer glaubte ich mehr als allen anderen Menschen. Jetzt konnte ich mich erst richtig auf die Schabbesfeier freuen! Mutter und Großmutter hatten ihre Erlaubnis gegeben. Kein Wunder, denn Herr Rosenberg hatte sie beide auch eingeladen.

6

Am Dienstag begann *sukkot,* das siebentägige Laubhüttenfest.
»Wir dürfen unsere Laubhütte im Hof aufbauen, hat dein Opa gesagt.« Ruth war am Montag schon recht aufgeregt.
»Das Laubhüttenfest ist unser fröhlichstes Fest«, verkündete sie und versuchte, mir zu erklären, wie die Laubhütte zusammengebaut wird. Das also waren die Stangen und die Bretter mit den Scharnieren, die ihr Vater beim Einzug gleich in den Keller verfrachtet hatte.
Er hatte die zerlegbare Laubhütte am Vormittag in den Hof geschafft, und Ruth und ich halfen beim Aufbauen. Es war eine etwas wacklige Angelegenheit. Als aber der Türrahmen eingehängt wurde, machte die kleine Laubhütte doch einen recht vertrauenswürdigen Eindruck. Es paßten

gerade ein kleiner Tisch und vier Klappstühle hinein.

Nur wegen des Dachs hatte ich Bedenken: »Da regnet es ja rein!«

Herr Rosenberg hatte nur ein paar Zweige auf das Dach gelegt.

»Es darf nicht zuviel Sonne hereinscheinen, aber abends müssen wir durch das Dach die Sterne sehen können. Sonst ist unsere Laubhütte nicht *koscher*, nicht rein«, erklärte er mir.

Ruth hängte ein paar Bilder, die sie gemalt hatte, in der Laubhütte auf. Mit Buntstiften hatte sie Szenen aus der Bibel gemalt: Josef und seine Brüder, Adam und Eva, Noah mit seiner Arche. Der kleine Tisch bekam eine bunte Tischdecke, und schon sah alles sehr wohnlich aus.

»Wir dürfen in den sieben Tagen des Festes nichts außerhalb der *sukka* essen«, sagte Ruth, »und in Palästina und in den warmen Ländern schläft man sogar in der Laubhütte.«

Ich konnte mir das allerdings nicht so recht vorstellen. In der Laubhütte schlafen? Vielleicht waren die in Palästina viel größer?

»Wenn es aber sehr kalt ist oder regnet? Ißt man da auch in der Laubhütte?«

Ruth mußte lachen: »Natürlich nicht. Dann sind wir davon befreit und essen in unserer Wohnung.«

Sie ging mit ihrem Vater am Nachmittag noch einmal weg.
»Wir müssen noch für jeden den Feststrauß besorgen«, sagte sie.
Sie kamen bald wieder. Ruth hielt allerlei Zweige in der Hand: Palmwedel, Weiden- und noch andere Zweige und ... Zitronen! Das sollte ein Feststrauß sein?
»Die nehmen wir in den Gottesdienst mit«, sagte Ruth, als sie aus den Zweigen drei Feststräuße band. »Durch das Laubhüttenfest sollen wir uns an die Wüstenwanderung Israels erinnern.«
Die Festtage des Laubhüttenfestes waren wunderbar! So oft wie an diesen Tagen konnten Ruth und ich bisher noch nie beisammen sein. Und das war mir inzwischen sehr wichtig geworden! Ruths Eltern luden mich mehrere Male ein, mit ihnen in der Laubhütte zu essen. Danach spielten wir viele Spiele, von denen ich kein einziges vorher gekannt hatte. Wir sangen jiddische Lieder, Lieder in Hebräisch und auch deutsche Lieder. Ruth und ihre Eltern waren in diesen Tagen fröhlich wie noch nie, und ihre Fröhlichkeit war so ansteckend, daß sogar mein Urgroßvater ab und zu eine der Melodien vor sich hin summte und im Takt dazu Nägel in die Schuhe klopfte.
Auch Schatten fielen auf das Laubhüttenfest. Ständig öffneten sich Fenster in dem Nachbarhaus,

und unsere Nachbarn gaben lautstarke und meist gehässige Kommentare ab.
»Euch wird das Lachen und Singen schon noch vergehen!« rief eine Nachbarin herüber.
Am zweiten Tag kamen Franz, ein Bäckergeselle, und Annemarie, die Tochter des Bäckers, zu uns in den Hof. Franz hatte sein Akkordeon mitgebracht und versuchte, die Melodien mitzuspielen. Annemarie sang fleißig mit. Es war ein lustiger Nachmittag!

7

Unsere Kastanie im Hof trug inzwischen leuchtendgelbe Blätter. Blatt für Blatt machte sich los und segelte bedächtig zu Boden.
Ruth und ich hatten unsere ersten zaghaften Annäherungsversuche hinter uns. Ich hatte erkannt: Es ist gar nicht so schlimm, mit einem Mädchen zu spielen!
Ruth zeigte mir, wie man aus den Stengeln der Kastanienblätter Brillen basteln kann.
Den Kastanienbaum hinaufklettern, um über die Hofmauer zum Bäcker im Nachbarhaus und in seine Backstube schauen zu können, das mußte ich ihr unbedingt vormachen. Sie weigerte sich aber, auch hinaufzuklettern.

»Das sind Bubensachen«, meinte sie.
»Und was sind dann Mädchensachen?« wollte ich von ihr wissen.
»Komm mit rauf, dann zeige ich dir etwas, das dir sicher auch gefällt!«
Zum erstenmal betrat ich die Wohnung unserer Nachbarn, seit sie eingerichtet war. An allen Zimmertüren waren *mesusot,* kleine Kapseln, angebracht. Sie enthielten einen Pergamentstreifen mit Worten aus der Bibel. So hatte es Herr Billig, der vorher hier gewohnt hatte, meiner Großmutter erklärt. Auf dem Wohnzimmerbuffet standen die beiden Sabbatleuchter, und das grausliche Bild mit der Judit hing im Flur. Ruth berührte die *mesusa* an jeder Tür, durch die wir gingen, mit den Fingerspitzen und führte diese zum Mund. Ich wußte schon: So bekundet man Ehrfurcht vor dem Wort Gottes.
Frau Rosenberg freute sich, daß ihre Tochter mich mitgebracht hatte.
»Ich wünsche so sehr«, sagte sie nachdenklich, »daß ihr beiden Freunde werdet. Weißt du, Ruth hat hier niemand, mit dem sie spielen kann. Und die anderen Schülerinnen der jüdischen Schule wohnen über die ganze Stadt verstreut.«
Deshalb hatte ich Ruth nie in unserer Schule gesehen. Sie besuchte die für jüdische Kinder eingerichtete Schule.

Die Küchentür stand offen, und so sah ich, daß auch unsere neuen Nachbarn eine zweigeteilte Küche, eine *milchige* und eine *fleischige,* hatten wie ihre Vorgänger. Was es damit auf sich hat, erklärte mir Ruth ein paar Tage später.
»Wir dürfen milchige Speisen wie Milch, Käse, Butter und fleischige, Wurst und Braten, nie in einer Mahlzeit zusammen essen. Wir dürfen auch nicht dasselbe Geschirr, dieselben Töpfe und Pfannen und dasselbe Besteck für Milchiges und Fleischiges benutzen.«
Aber das Tollste kam erst! Auf dem Tisch in Ruths Zimmer lag ein riesengroßes Zigarettenbilder-Album. Es war groß und schwer. Ich konnte es kaum hochheben. Es hatte einen grasgrünen Einband und dicke Blätter.
Ruths Vater brachte von seinen Reisen als Vertreter immer ein paar Zigarettenbilder mit. Die lagen allen Zigarettenpäckchen bei. Jede Zigarettenmarke hatte ihre eigene Serie. Am besten gefiel mir die Serie von Bonzo, dem Hund, und seinen Abenteuern. Zu so etwas kam ich ja nie! Mein Urgroßvater rauchte nur Pfeife, und mein Onkel, der Lehrer im Elsaß war, hatte dafür keinen Sinn. Er warf die Bilder immer gleich weg.
Bonzo hatte es mir angetan. Wann immer es möglich war, betrachteten wir beide das Album, besonders die Bonzo-Serie. Ich begann jetzt, Ziga-

rettenbilder bei allen Verwandten und Bekannten zu sammeln. Die Bilder brachte ich Ruth, die sie ins Album klebte. Bald gab es kaum noch leere Seiten.

Auch unsere Freundschaft, die sehr zaghaft begonnen hatte, wuchs. Sie brachte manche Veränderung in mein Leben. Nicht nur Bonzo, auch das Mädchen Ruth hatte es mir angetan! Ein kleiner Junge und ein kleines Mädchen durften eine kleine Wegstrecke gemeinsam gehen, bis diese Gemeinsamkeit brutal und unmenschlich zerstört wurde.

Die zerstörenden Ereignisse warfen schon ihre Schatten voraus. Aber Kinder vergessen schnell. Ich dachte kaum noch daran, wie gehässig Edgars Mutter Ruth angeschrien hatte.

Ruth jedoch konnte es lange nicht vergessen, obwohl ihr Vater sie einige Male auf das Liebesgebot: »Du sollst deinen Nächsten lieben wie dich selbst« hingewiesen und es ihr in Hebräisch, in Jiddisch und in Deutsch vorgesagt hatte, damit sie es sich ja einprägt.

»Du darfst nicht Böses mit Bösem vergelten!« schärfte ihr auch ihre Mutter ein, wenn Ruth sich darüber beklagte, was sie beim Einkaufen wieder zu hören bekommen hatte.

Im Religionsunterricht hatten wir gelernt, daß dieser Satz »Du sollst deinen Nächsten lieben wie dich selbst« ein Wort Jesu sei. Auch im Kindergottesdienst sagte uns niemand, daß dieses Wort aus dem Alten Testament, der Bibel der Juden, stammt und Jesus es nur zitiert hat.

Unser Religionslehrer in der Schule sagte uns eines Tages eindringlich: »Ab heute wollen wir nichts mehr von dem grausamen Judengott hören. Jesus erzählte uns von einem Gott der Liebe. Er selbst war ja auch gar kein richtiger Jude!«

Im Kindergottesdienst aber hörten wir das jeden Sonntag ganz anders.

Herr Rosenberg wollte mir in einer deutschen Bibel zeigen, wo das Liebesgebot steht. Wir hatten nur eine Bibel, die Traubibel meiner Großmutter. Die mußte aber erst gesucht werden. Der Goldschnitt klebte die Seiten noch so aneinander, daß es schwer war, die Bibel aufzuschlagen. Doch dann zeigte Ruths Vater auf die Stelle, wo das Wort steht: 3. Mose 19,18.

8

Ruth, ihr Vater und ich kehrten vom Freitagabendgottesdienst in der Synagoge zurück. Ruth gab mir unterwegs noch viele Erklärungen zur Schabbesfeier in der Familie. Heute durfte ich ja zum erstenmal mitfeiern!

»Wenn wir jetzt heimkommen, hat meine Mutter schon die zwei Sabbatkerzen angezündet und den Lichtersegen gesprochen.«
Ruth konnte ihn auswendig aufsagen, hebräisch und deutsch:
»›*Baruch atta adonai elohenu melech ha'olam ascher kidschanu bemizwotaw weziwanu lehadlik ner schel schabbat*‹ –
Gepriesen seist du, Herr, unser Gott, König der Welt, der du uns geheiligt hast durch deine Gebote und uns befohlen hast, das Licht des Sabbats zu entzünden.«
»Warum ist eigentlich deine Mutter nicht mit in die Synagoge gegangen?«
»Sie muß die Sabbatkerzen vor Beginn des Sabbats anzünden. Nachher dürfen wir kein Feuer mehr anmachen. Und dann muß sie ja das Abendessen vorbereiten. Das soll immer ein richtiges Festessen sein!«
Ich war gespannt, was alles mich da erwartete. Mutter und Großmutter waren schon bei Rosenbergs und halfen, den Sabbattisch zu decken. Es sah alles sehr festlich aus.
»Das machen wir an jedem Schabbes so«, beantwortete Frau Rosenberg meine Frage. Sie hatte ein ganz rotes Gesicht und eine schweißbedeckte Stirn. Sie hatte schwer gearbeitet, um alles rechtzeitig fertigzubringen.
»Gestern konnte ich noch nicht viel vorbereiten.

Da war ich in der Synagoge, in der *mikwe*. Weißt du, so heißt das Reinigungsbad.« Das mußte ich mir noch von ihr erklären lassen.

Ruth und ihr Vater hatten am Nachmittag das städtische Wannenbad besucht.

»Am Schabbat muß man sauber sein und seine schönen Schabbeskleider tragen!« sagte Ruth.

Ihr Schabbeskleid war wirklich sehr schön. Ihre Mutter hatte es selbst genäht. Es war aus einem blauglänzenden Stoff mit vielen Falten und Spitzen an den Ärmeln und am Halsausschnitt. Es stand Ruth sehr gut und paßte zu ihrem schwarzen Haar und ihren großen dunklen Augen. Es war das erste Mal in meinem Leben, daß ich so etwas überhaupt bemerkte!

Auf dem Tisch lagen zwei *berches*, die mit einem bestickten Deckchen zugedeckt waren. Diese geflochtenen Mohnbrötchen kauften auch wir immer beim Bäcker. Daß sie etwas mit dem Sabbat zu tun haben, wußten wir bisher aber nicht. Es sind seit uralter Zeit die Sabbatbrote, die *challa*, wie mir Ruth erklärte. Daneben funkelte im Kerzenschein ein silberner Becher.

»Das ist unser *Kidduschbecher*«, sagte Ruth zu mir und trat vor ihren Vater, der sein Gebetskäppchen aufgesetzt und seinen Gebetsschal umgelegt hatte. Er legte Ruth die Hände auf den Kopf und sprach den Segen über seine Tochter:

»Gott mache dich wie Sara, Rebekka, Lea und Rahel.«
Er sagte das in Hebräisch. Auch die Schlußsätze der Schöpfungsgeschichte, die er danach vorlas, waren in Hebräisch. Ruth übersetzte sie für uns. Sie und ihre Eltern sangen miteinander noch ein Sabbatlied, mit dem, wie Ruth nachher sagte, die Engel des Friedens begrüßt werden.
Wir mußten aufstehen, als Ruths Vater den Kidduschbecher erhob und den Weinsegen sprach:
»Baruch atta adonai... Gepriesen seist du, Herr, unser Gott, König der Welt, der du die Frucht des Weinstocks erschaffst...«
Jeder durfte einen Schluck aus dem Becher trinken. Großmutter blickte mich etwas mißtrauisch an, weil ich einen besonders großen Schluck nahm. Bei uns gab es ja so etwas nicht, Wein für Kinder!
Herr Rosenberg sprach den Brotsegen und nahm das Deckchen von den Sabbatbroten. Für jeden am Tisch schnitt er ein Stückchen ab, bestreute es mit Salz und gab es uns in die Hand. Ruth sprach das Tischgebet, und das festliche Sabbatessen konnte beginnen.
Es gab Weinsuppe, Karpfen in polnischer Soße und Mazzenkugeln. Ruths Eltern hatten früher in Polen gelebt. Meist kochte ihre Mutter deshalb nach alten polnischen Rezepten. Es war ein wah-

res Festessen! So gut hatte es mir schon lange nicht mehr geschmeckt.

Auch Ruths Vater lobte das gute Essen: »So ein Schabbesfisch ist doch ein herrlicher Leckerbissen!«

Nach dem Essen deckten die Frauen den Tisch ab. Ruth bat ihren Vater, ein paar seiner alten jiddischen Geschichten zu erzählen. Leider verstand ich nicht sehr viel, Mutter und Großmutter auch nicht. Aber Ruth half uns mit Erklärungen und Übersetzungen, so daß wir doch einiges mitbekamen. Es gab viel zu lachen. Die meisten Geschichten waren recht lustig.

Er erzählte aber auch eine sehr traurige Geschichte. Sie handelte von der Verfolgung polnischer Juden durch das polnische Militär, bei der es viele Tote und Verletzte gab, die Häuser der Juden geplündert und abgebrannt wurden.

Zwischen den Erzählungen wurden Lieder gesungen. Ruth kannte viele Sabbatlieder und mußte sie immer zuerst vorsingen.

Schließlich bat Ruth ihren Vater, die Geschichte »Quäle nie ein Tier!« zum Schluß in Deutsch zu erzählen. Als sie mich dabei anschaute, konnte ich mir schon denken, warum sie gerade diese Geschichte und dann noch in Deutsch hören wollte. Ihr Vater lächelte, besann sich nicht lange und begann zu erzählen:

»Ja, das ist die Geschichte von den zwei kleinen Vögeln, zwei gewöhnlichen Spatzen, die ein kleiner Junge erschlagen hatte. Als die beiden kleinen Spatzen auf die Erde fielen, lebten sie noch. Sie saßen mit gesträubtem Gefieder da und zitterten furchtbar. Da nahm der Junge die beiden Vögel in die Hand und begann, sie mit den Köpfen an den Baum zu schlagen. Er tat das so lange, bis beide Spatzen tot waren. Das Nachbarmädchen lief herzu und sagte: ›Was tust du denn da?‹ –›Was ist denn?‹ erwiderte der kleine Junge ruhig. ›Das sind ja nur ganz gewöhnliche Spatzen‹. – ›Und wenn es nur gewöhnliche Spatzen sind! Ist denn ein Spatz kein lebendes Geschöpf Gottes, mit dem man Mitleid haben muß?‹
Der kleine Junge schaute das Mädchen an. Es war ihm schon etwas mulmig geworden...«
Ruths Vater schwieg, dann fuhr er fort: »Diese Geschichte hat einmal der jiddische Dichter Scholem Alejchem so ähnlich erzählt. Man kann diese Geschichte auch von Kaninchen erzählen. Was sie uns sagen will, bleibt immer gleich!«
Jetzt hatte ich es. Herr Rosenberg wußte also von meiner Untat im Hof. Als meine Mutter und meine Großmutter ihn fragten, ob er mit dieser Geschichte etwas Besonderes meinte, schüttelte er den Kopf:
»So etwas kann ja leider immer wieder passieren.

Ihr beide«, wandte er sich an Ruth und an mich, »wißt ja, wie ihr euch den Geschöpfen Gottes gegenüber verhalten müßt.«
Großmutter und Mutter verstanden immer noch nicht. Aber das war gut so!
Wir spielten noch ein paar Spiele, die ich auch nicht kannte: das Hölzchenspiel, ein Geschicklichkeitsspiel, ein Kreiselspiel und noch andere.
Es wurde sehr spät an diesem Abend. Doch wir hatten ja nur ein paar Meter bis zu unserer Wohnung. Hundemüde fiel ich ins Bett. Noch bevor ich einschlief, nahm ich mir fest vor, am Sonntag Ruth zum Kindergottesdienst mitzunehmen und ihr unsere Kirche zu zeigen. Am nächsten Sonntag war der erste Advent. Ganz bestimmt wird es Ruth gefallen, wie wir Advent feiern, dachte ich vor dem Einschlafen.
Ich träumte in dieser Nacht von Schabbeswein, den Engeln des Friedens, der Königin Sabbat, von Mazzenkugeln und, und, und ... Alles, was mir an diesem Abend begegnet war, tanzte und geisterte in meinen Träumen.

9

Am Sonntag ging Ruth mit mir in den Kindergottesdienst. Der Weg war etwas weiter als der zur Synagoge. Der Kindergottesdienst wurde immer in der Kleinen Kirche gefeiert. Ruth fragte mich, ob sie auf die Frauenempore müsse. Jetzt war es an mir, Erklärungen und Hinweise zu geben. Ruth staunte nicht schlecht, als sie hörte, daß in der Kirche Jungen und Mädchen, Männer und Frauen nebeneinander sitzen.

Für Ruth gab es viel Neues zu sehen. Sie war früher einmal in einer katholischen Kirche gewesen. Da hatte sie manches Bekannte entdeckt: das Ewige Licht, den Weihwasserkessel – »Fast wie unsere *mesusa*«, meinte sie – und die Orgel. Für Ruth war eine Orgel in der Synagoge eine ganz selbstverständliche Sache.

Der Pfarrer eröffnete den Gottesdienst. Fast sechzig Kinder waren gekommen. An dem großen Adventskranz, der von der Decke herabhing, brannte schon eine Kerze. Als erstes Lied sangen wir: »Tochter Zion, freue dich...« Ruth sang fest mit. Später sagte sie mir, daß man in der Synagoge und zu Hause auch ein Lied singt, das dieselbe Melodie hat.

Ruth war begeistert, als sie feststellte, daß sie vieles, was gesungen, gelesen und gebetet wurde, bereits kannte: Worte aus den Psalmen und den Propheten. Bei dem Eingangswort, das der Pfarrer sagte: »Gepriesen sei Gott...«, flüsterte sie mir zu: »So beginnen wir auch unsere Segens- und Lobpreisgebete: ›*Baruch atta adonai...*‹ – ›Gepriesen seist du, Herr...‹« Als es aber weiterging: »...der Vater unseres Herrn Jesu Christi...«, wollte ihr das nicht so recht in den Kopf. »Das mußt du mir nachher erklären, was das bedeutet: ›Vater unseres Herrn Jesu Christi‹!«

Das »Amen, Amen« und das »Halleluja, Halleluja, Halleluja...« waren ihr natürlich sehr vertraut. »Ihr singt ja auch in Hebräisch!«

Zur Gruppenunterweisung setzten wir uns in Altersgruppen zusammen. Elisabeth, unsere Gruppenhelferin, hatte nichts dagegen, daß Ruth mit in meine Gruppe kam. Sie erzählte uns die Geschichte vom Einzug Jesu in Jerusalem. Ruth machte ganz große Augen. Das hörte sie ja alles zum erstenmal.

Der Pfarrer hatte die Gruppe der Großen, der Sechstkläßler, übernommen.

Nach der Gruppenunterweisung sprach er über die Geschichte. So gut wie heute hatte ich noch nie aufgepaßt. Ich mußte doch nachher Ruth alles noch mal genau erklären!

Wir sangen noch das Lied: »Macht hoch die Tür...«, beteten gemeinsam das Vaterunser und standen auf zum Segen, den der Pfarrer sprach. Alle Kinder sangen das »Amen, Amen, Amen«, und er gab jedem von uns zum Abschied an der Tür die Hand.

»Ist das deine Freundin? Ich habe sie noch nie hier gesehen«, fragte er mich. Das war eine Frage! Es fiel mir nicht leicht, sie zu beantworten. Hatte ich wirklich eine Freundin? Ja, doch! So viele Male hatte ich zu hören bekommen, ich hätte einen »Juddebankert« als Freundin.

Und ich antwortete deshalb ganz stolz: »Ja, das ist Ruth, meine Freundin! Sie ist aber nicht evangelisch.«

»Dann bist du sicher katholisch?«

»Nein, Herr Pfarrer, ich bin jüdisch.«

Der Pfarrer sagte zunächst überhaupt nichts. Er schaute uns nachdenklich an und nahm uns dann zur Seite: »Ich freue mich sehr darüber, daß du zu uns gekommen bist, Ruth. Du kannst immer kommen, wenn du willst. Sag es aber nicht so laut, daß du jüdisch bist. Das wollen heute viele Leute nicht mehr gerne hören. Und du«, wandte er sich an mich, »paß ja gut auf deine Freundin auf!«

Ich nahm mir das so zu Herzen, daß ich Ruths Hand ergriff und sie nicht mehr losließ, bis wir zu Hause angekommen waren. Unterwegs mußte ich viele Fragen beantworten, die mir Ruth zum

Kindergottesdienst stellte. Vieles konnte ich nicht recht erklären. Meine Kenntnisse über den christlichen Glauben waren sehr dürftig. In unserer Familie wurde über diese Dinge nie gesprochen.
Immer wenn Herr Rosenberg mich am Freitagabend in die Synagoge mitnahm, begleitete mich Ruth am Sonntag in den Kindergottesdienst. Damit begann aber nicht nur mein Wissen über den jüdischen, sondern auch über den christlichen Glauben zu wachsen. Jahre später entdeckte ich, daß es ein jüdisches Mädchen war, durch das ich nicht nur den Juden und dem Judentum immer näher gekommen war, sondern auch zum Glauben an Jesus Christus.

Nach dem zweiten Adventssonntag begann das achttägige *Chanukkafest*. Ruths Eltern hatten vor Jahren aus Polen einen silbernen *Chanukkaleuchter* mitgebracht. Er wird vor *chanukka* mit acht Kerzen bestückt. Am ersten Tag wird eine Kerze und an jedem folgenden Tag eine weitere Kerze mit Hilfe des *Schammes,* der Dienstkerze, angezündet, bis alle acht Kerzen brennen. »Wie beim Adventskranz!« sagte ich zu Ruth.
Ruth erzählte die Geschichte des *Chanukkafestes,* des Lichterfestes, als ich wissen wollte, ob es ein Fest wie Weihnachten ist:
»Als vor vielen, vielen Jahren heidnische Götzen-

anbeter den Tempel in Jerusalem verunreinigten, indem sie ein Götzenbild aufstellten, war nach ihrer Vertreibung nur noch ein kleiner Krug mit geweihtem Öl für den Leuchter übrig. Das reichte aber nur für einen einzigen Tag. Und doch brannte dieses Öl acht Tage lang, bis erneut Oliven zerstampft waren und reines Öl daraus gewonnen worden war. Deshalb feiern wir acht Tage lang ein Freudenfest. Die brennenden Kerzen sollen uns an dieses Wunder erinnern. An den Chanukkatagen ist jede Trauer verboten. Wir Juden sollen uns freuen und Gott loben und preisen.«

Frau Rosenberg ergänzte ihre Erzählung: »Wir beschenken uns an diesem Fest wie die Christen an Weihnachten. Und wir singen alte jüdische Hymnen, spielen viele Spiele miteinander.« Sie zeigte mir einen viereckigen Kreisel, einen *Dreidl*, mit dem immer an Chanukka gespielt wird. Er trug auf jeder Seite einen hebräischen Buchstaben. Ruth erklärte mir, wie die Buchstaben heißen: *nun, gimel, he* und *schin*.

»Das sind Abkürzungen. *nun* steht für *nes*, *gimel* für *gadol*, *he* für *haja* und *schin* für *scham*. Das Ganze heißt zusammen: *Nes gadol haja scham*, auf deutsch: *Ein großes Wunder ereignete sich dort*. Unser Dreidl-Spiel ist ein Glücksspiel, und Geldstücke werden eingesetzt.«

Am Heiligen Abend schickte mich Großmutter mit einem großen Teller voll selbstgebackener Weihnachtsbrötchen, Zimtsterne, »Butterbakkes«, ihrer berühmt-berüchtigten Springerle, Lebkuchen und Vanillehörnchen, zur Nachbarsfamilie. Ruths Mutter freute sich sehr darüber. »An *Pessach* wird euch Ruth ein paar *mazzot* bringen. Es ist so schön, wenn wir unsere Festfreude mit anderen teilen dürfen!«

10

Ruth und ich gingen gern miteinander einkaufen. Wenn ihre Mutter sie zum Einkaufen schickte, begleitete ich sie, und wenn Großmutter mir auftrug, für sie einiges zu besorgen, dann begleitete Ruth mich.
Es war jedesmal interessant und lustig, wenn wir zum »Tisch« gingen. Das war ein kleines Kurzwarengeschäft, sein Besitzer, Herr Tisch, war ein alter Jude. Dort gab es aber nicht nur Nähfaden, Knöpfe, Spitzen, Bänder – dort gab es auch fast alles, was Kinderherzen höher schlagen läßt.
Für ein paar Pfennige konnte man »Nachtigallen« kaufen. Am Rand eines kleinen halbkreisförmigen Lederstückchens war ein dünner Metallrahmen befestigt. Er hielt eine Art Membrane fest.

Diese »Nachtigall« nahmen wir Kinder in den Mund und preßten sie gegen den Gaumen. Jetzt konnte man mit einiger Übung verschiedene Vogelstimmen täuschend ähnlich nachahmen. Daß einmal einer meiner Klassenkameraden das in einer Unterrichsstunde ausprobierte, ist eine ganz andere Geschichte!
Beim alten Herrn Tisch gab es auch die begehrten Murmeln, die »Märwelen«. Und Hauchbilder, die wir auf die Handfläche legten und anhauchten. Sie rollten sich zusammen und vollführten allerlei merkwürdige Bewegungen. Dann gab es die Abziehbilder. Die gehörten aber schon wie die »Märwelen« zur gehobeneren Preisklasse. Mädchen kauften sich gerne die »Rosenbilder«, Albumbilder mit Rosen, Nelken, Engelchen. Sicher waren sie ziemlich kitschig. Aber selbst wir Buben hatten unsere Freude daran. Die Rosenbilder wurden von den Mädchen in ihre Poesiealben geklebt.
Ich fragte Ruth, ob sie auch ein Poesiealbum habe. Eine alberne Frage. Welches Mädchen hatte keines? Also kaufte ich von den Zehnern, die ich beim Zehnerlesspiel gewonnen hatte, ein paar Rosenbilder und ließ mir von Ruth ihr Poesiealbum geben. Ich hatte mir auch einen schönen Vers aus meiner Fibel ausgesucht, den ich in Schönschrift ins Album schrieb und rundum mit

Rosenbildern verzierte. Ruth gefiel diese Seite am besten von allen. So sagte sie wenigstens.

Den alten Herrn Tisch hatte ich schon einige Male in der Synagoge gesehen. Er kannte auch Ruth und ihre Eltern. Das war sehr vorteilhaft. Entweder machte er uns einen Vorzugspreis, oder er legte zu den gekauften Dingen noch eine Zugabe: ein Rosenbildchen, eine Murmel, einmal sogar eine »Nachtigall«!

Gerne ging ich mit Ruth beim Metzger Nußbaum einkaufen. Das war eine »jüdisch koschere Metze«, wie Frau Rosenberg den Metzgerladen nannte. Rindfleisch, Lammkoteletts, Geflügel aller Art gab es dort zu kaufen.

Der Metzger war ein riesengroßer Mann mit einem eisgrauen Vollbart. Stets trug er ein dunkelrotes Samtkäppchen. Wenn wir den Metzgerladen betraten, fragte Herr Nußbaum immer: »Na, was darf es denn heute sein, kleines Fräulein?«

»Ein Pfund Rindfleisch mit Knochen«, sagte dann Ruth. Der Metzger holte ein großes Fleischstück aus der Fleischkammer, legte es auf den Hackklotz und schnitt mit dem scharfen Fleischmesser ein Stück ab. Wenn er es auf die Waage legte, paßte Ruth wie ein Schießhund auf. Ihre Mutter hatte ihr aufgetragen, das Gewicht immer genau zu kontrollieren. Aber Herr Nußbaum wog eher etwas zu großzügig.

Die Knochen zerschlug er auf dem Hackklotz mit einem furchterregenden Hackbeil. Wir wunderten uns immer, daß er so genau die Knochen traf und nicht seine Finger.

Frau Nußbaum war eine rundliche, gemütliche Metzgersfrau. Sie war für den Verkauf von Wurst zuständig. Bei ihr war es allerdings schon wichtig, die Waage im Auge zu behalten.

»Sodele, ein Viertelpfund Lyoner«, hieß es, und schwupp, war die Wurst wieder von der Waage verschwunden. So schnell konnte man fast nicht gucken.

Einmal blickte mich der Metzger ungläubig, ja fast strafend an, als ich ahnungslos Ruth laut fragte, ob es hier keinen Schinken gibt.

Auf dem Nachhauseweg erklärte mir Ruth, daß Juden kein Schweinefleisch essen dürfen. Und Schinken ist ja vom Schwein!

Ruth liebte es sehr, mit mir in die große Markthalle zu gehen. Dorthin hatten wir es nicht sehr weit. Auf dem Weg zur Markthalle mußten wir an einer großen Toreinfahrt vorbei, aus der immer ein stechender Geruch kam. Über der Einfahrt stand in großen Buchstaben »Hufbeschlagschule«. In ihr lernten angehende Schmiede, Pferde zu beschlagen. Das hatte mir Großmutter so erklärt. Von der Straße aus konnte man durch die Toreinfahrt in den großen Hof sehen. Dort wurden die Pferde an eisernen Ringen angebunden. Beim ersten Mal hatten wir Mitleid mit den Pferden, wenn das fast noch glühende Hufeisen ihnen auf den Huf gesetzt wurde und ein stechender Geruch nach verbranntem Horn aufstieg. Wir glaubten, daß es den Pferden wehtut, wenn ihre Hufe durch die Eisen angebrannt und die Nägel eingeschlagen werden.

Als wir wieder vorbeikamen und neugierig ein Stück weit in die Hofeinfahrt schlichen, um besser sehen zu können, bemerkte uns einer der Schmiedelehrer. Wir wollten uns schon davonmachen. Er rief uns aber zurück:

»Ihr braucht keine Angst zu haben. Habt ihr noch nie zugeschaut?« Als wir ihn fragten, ob die Pferde beim Beschlagen Schmerzen haben, lachte er.

»Die Hufe sind ganz ohne Gefühl. Die Pferde spüren nichts. Ihr könnt ja auch eure Fingernägel schneiden, und es tut euch nicht weh. So ist es beim Beschlagen der Pferde auch.«

Ruth und ich waren jetzt beruhigt. Wir beeilten uns, in die Markthalle zu kommen. Früher war sie eine Bahnhofshalle. Die Halle für die Züge diente jetzt als Markthalle. Dort umschmeichelten uns verschiedenartige Düfte und Gerüche. Es gab unzählige Obst- und Gemüsestände, Käsestände, eine kleine Fischhalle und eine Geflügelhalle mit Gänsen, Enten, Hühnern und Tauben. Alles gab es da zu kaufen. Manchmal hatten wir vor lauter Schauen und Staunen, Umherschlendern und Hinhören auf die Rufe der Marktfrauen fast vergessen, was wir mitbringen sollten. Zum Glück gab uns Frau Rosenberg oder meine Großmutter immer einen Einkaufszettel mit.

In der Fischhalle mußten wir ab und zu Fische einkaufen. Da lagen die glitschigen Fische auf Eisstückchen. In Bassins schwammen lebende Karpfen und Forellen. Ruth nahm den Fisch, den sie kaufen wollte, in die Hand, hob die Kiemendeckel an und prüfte, ob die Kiemen noch schön rot waren.

»Nur so«, belehrte sie mich, »kann man feststellen, ob der Fisch frisch ist.«

In der Halle standen auch Fässer mit Salzheringen. Sogar Salzgurken konnte man dort kaufen. Sie lagerten ebenfalls in großen Fässern.

An den Gemüseständen kauften wir Zwiebeln, gelbe Rüben, Erbsen, Bohnen und vieles andere. Frau Rosenberg und Großmutter hatten uns angewiesen, nicht gleich zu kaufen, sondern erst einmal Preisvergleiche anzustellen. Ruth erwies sich dabei als besonders umsichtig und gewieft. Ja, sie konnte sogar Preise hartnäckig herunterhandeln. Manch altgediente Marktfrau mußte sich geschlagen geben.

Bei unseren Einkaufsbummeln stiessen wir immer häufiger auf Schilder wie »Juden hier unerwünscht!«, »Für Juden Zutritt verboten!«, »Deutsche, kauft nicht bei einem Juden!«. Einmal erzählte ich das meinem Urgrossvater. Er war aber von einem so felsenfesten Vertrauen zum Führer erfüllt, dass er meinte, das könne nur ein Fehler von ein paar Dummköpfen sein. Der Führer würde das alles schon regeln, sobald er erführe, welch dumme Schilder an den Läden aufgehängt wurden.

Ruth und ich liessen uns aber durch nichts verdriessen. Unsere Einkaufsbummel waren bald zu einem geliebten Ritual geworden. Ruth hatte jedoch immer häufiger Tränen in den Augen, wenn wir auf solche Schilder stiessen.

»Was haben wir denn getan?« fragte sie einmal mehr sich selbst als mich. Ihr Vater sagte später einmal zu meiner Grossmutter: »Warum ist in Deutschland kein Platz mehr für Juden?«

In die jüdischen Geschäfte kamen immer weniger Nichtjuden. Selbst uns Kindern fiel das auf, doch die Tragweite dessen, was sich hier immer schneller entwickelte, konnten wir nicht ermessen, ja nicht einmal erahnen. Selbst Ruths Eltern waren zuversichtlich, dass alles noch gut wird.

Meine Mutter, meine Grossmutter und auch mein Urgrossvater, der so grosse Stücke auf den

Führer hielt, hatten zu keinem Zeitpunkt versucht, mich von Ruth und ihren Eltern fernzuhalten. Sie selbst vertieften die gute Nachbarschaft, die inzwischen fast zur Freundschaft geworden war.
Ruth und ich gingen auch gerne zum Bäcker im Nachbarhaus, der nicht nur ein Bäckermeister, sondern auch ein Ringermeister war. Mein Onkel war mit ihm eng befreundet. Beide waren Mitglieder in einem Schwerathletikverein. Der Bäckermeister war in der Ringermannschaft, mein Onkel war Gewichtheber und Hammerwerfer.

Von Zeit zu Zeit beauftragte uns Ruths Mutter oder meine Großmutter, Backbleche und Kuchenformen mit Kuchen- und Gebäckteig zum Backen in die Backstube zu tragen. Keine leichte Aufgabe! Im Hof des Bäckers stand neben der Tür eine Hundehütte. In ihr hauste Max, ein Riesenschnauzer. »Er tut euch bestimmt nichts!« sagte uns die Bäckersfrau.
Wenn wir in die Backstube mußten, machten wir uns unter der Tür in den Hof ganz schlank und schlichen uns mit den Blechen in der Hand an der Wand entlang zur Backstube. Wohl war uns beiden immer erst, wenn wir wieder draußen waren. Max lag aber meist etwas phlegmatisch in seiner Hundehütte und blickte nur kurz auf. Manchmal

fletschte er auch die Zähne, wenn wir uns anschickten, den Hof unter vielen vorsichtigen Verrenkungen zu verlassen.

Eines Tages sagte der Bäckermeister zu uns: »Wenn ihr den Max ausführen wollt, dürft ihr das gerne tun. Ihr werdet mit ihm schon klarkommen.«

Das war für Ruth und mich ein abenteuerliches Unternehmen. Der Bäcker löste Max von der Kette, befestigte eine dicke Hundeleine an seinem Halsband und drückte sie mir in die Hand.

»Laß ja nie die Leine los! Max haut sonst ab, und wir können ihm dann nachjagen!«

Aber nicht wir führten Max aus. Es war Max, der uns nicht nur führte, sondern mit einer unglaublichen Kraft zog, mich schleppte, ja hinter sich herschleifte. Ich war so froh, unterwegs keinen meiner Klassenkameraden oder ein Nachbarskind vom Plätzle zu treffen. Die Blamage wäre vollkommen gewesen! Max war so fröhlich. Er bellte und sprang hoch, rannte plötzlich los, mich im Schlepptau.

Das Schlimmste aber geschah, als er mitten durch eine große Pfütze rannte und mich hinter sich herzog. Ich stolperte und wurde von ihm bäuchlings durch das Dreckwasser und den Schlamm gezogen. Verdreckt und völlig geschafft gelang es mir schließlich, Max zu bewegen, mit uns wieder nach Hause zu gehen. Gehen? Nein, schleppen, rennen, hochspringen. Als wir glücklich im Hof unseres Bäckers ankamen, fragte der uns so nebenbei: »Na, war das nicht ein lustiger Spaziergang?«

Zwei Tage lang war ich mit Ruth böse. Sie hatte sich halb totgelacht, als mir von Max so zugesetzt wurde. Sie bog sich vor Lachen und wurde nicht mehr fertig damit. Aber schnell waren wir wieder miteinander versöhnt. Ruth ließ mich wieder beim Murmelspielen gewinnen und schenkte mir dazu noch eine Riesenglasmurmel.

Einmal nahm sie mich mit zum Schneider. »Das ist der Jossele«, sagte sie. Unter diesem Namen kannten ihn alle in unserer Gegend. Seinen Nachnamen hatte ich noch nie gehört. Frau Rosenberg hatte bei Jossele für Ruth ein neues Schabbeskleid schneidern lassen. Jetzt sollte letzte Anprobe sein.

In der engen Werkstatt, in der Jossele mit zwei Gesellen arbeitete, war es fürchterlich dämpfig. Fast wie in einem Dampfbad. Die beiden Gesellen waren gerade am Bügeln. Die Luft war stickig, wir konnten kaum atmen.

Ruth zog sich im Nebenzimmer um. Als sie wieder hereinkam, staunte ich: So ein schönes Kleid hatte ich vorher noch nie gesehen; es war leuch-

tend rot, hatte Rüschen und Spitzen, halblange Ärmel und einen runden Kragen.
Schneider Jossele, ein kleiner schmächtiger Mann mit einem riesenlangen Bart, zupfte hier noch ein bißchen den Stoff zurecht, machte dort mit seiner Schneiderkreide ein Strichlein.
Dann seufzte er: »Schade, daß ich das schöne Kleid jetzt hergeben muß! Morgen kannst du es abholen.«
Wir beeilten uns, so schnell wie möglich aus der dampferfüllten Schneiderwerkstatt zu kommen.

Beim Milchmann um die Ecke holten wir für unsere Familien die Milch. Bei Ruths Vater hieß es immer: »Geh zum Milchiger.« Aus einem großen Metallbottich schöpfte er mit den Halbliter- und Litermaßen die Milch in unsere Kannen. Vorher fragte er immer: »Soll's Magermilch sein oder richtige?« Meist sollten wir Magermilch einkaufen. Und das jeden Tag. Wir hatten ja keinen Eisschrank wie der Metzger. Alle paar Tage kam der Bierwagen, und der Kutscher lud beim Metzger ein paar Eisstangen ab. Ich durfte ab und zu helfen, sie mit einem Hammer zu zerkleinern.
Wir mußten alles, was im Sommer durch die Hitze schlecht werden konnte, in den Keller schaffen. Es war ein alter, hoher Gewölbekeller, beleuchtet nur durch unsere Kerzen. Ich ging nicht

gern die vielen Stufen hinunter. Großmutter hatte mir erzählt, daß sich vor einigen Jahren ein Hausbewohner in unserem Keller erhängt hatte. Sie zeigte mir sogar noch den Rest des Strickes, der von einem dicken Haken an der Decke herabhing. Ob das aber wirklich der Strick war, an dem sich Herr F. aufgehängt hatte, glaubte ich nicht so recht.

Seit jetzt aber Ruth bei uns im Hause wohnte, wartete ich immer ab, ob sie um den Weg war. Dann bat ich sie, mit mir in den Keller zu gehen. Die Angst war dann kleiner! Sie wollte auch nicht allein hinunter.

Im Winter gab es da weniger Probleme. Wir stellten die Milchkanne und andere Lebensmittel auf den Sims vor dem Küchenfenster. Da blieb alles ganz frisch.

11

Mein Onkel, der Bruder meiner Mutter, war nicht verheiratet. Seine Schulferien verbrachte er immer bei uns. Eines seiner Steckenpferde war sein schweres Motorrad. Ein paar Mal durfte ich auf dem Sozius mitfahren. Mutter und Großmutter standen dabei große Ängste aus. Was hätte da alles passieren können!

Er war kein Nazi. Als Lehrer, meinte er aber, könne er es sich nicht leisten, kein Parteigenosse zu sein. Also trat er ziemlich früh in die Partei ein. Gleichzeitig wurde er SA-Mann. Vom Führer jedoch hielt er nicht sehr viel. Das forderte so manchen Streit mit meinem Urgroßvater heraus.

Seit mein Onkel uns einen Volksempfänger geschenkt hatte, kam mein Urgroßvater immer zu uns herauf, um die Reden des Führers anzuhören. Da durfte dann in der ganzen Wohnung kein Ton gesprochen werden. Wenn mein Onkel auch da war, gab es regelmäßig Meinungsverschiedenheiten zwischen ihm und Urgroßvater.

Ich war noch zu klein, um die Argumente meines Onkels verstehen zu können. Aber ein paar seiner Sätze, die er bei diesen Streitigkeiten stets wiederholte, hatten sich mir eingeprägt: »Der Hitler will Krieg« und: »Es ist nicht gut, daß Hitler die Juden nicht in Ruhe läßt.«

Der erste Satz sagte mir nicht viel. Den zweiten Satz konnte ich aber durchaus verstehen. Ich erlebte es von Woche zu Woche, daß die jüdischen Nachbarn immer seltener auf der Straße zu sehen waren und daß es in den Läden, in denen wir einkauften, gehässige Reden gegen sie gab.

Onkels Erziehungsmethoden, die er auch bei mir anwandte, wurden von meiner Mutter und meiner Großmutter nicht gebilligt. Einmal brachte er ein von ihm gemaltes Plakat mit, das ich über mein Bett hängen mußte. Darauf stand:

Ein deutscher Junge!
Ein deutscher Junge weint nicht!
Er muß rank und schlank sein,
flink wie ein Windhund,
zäh wie Leder und
hart wie Kruppstahl!

Großmutter hielt das für ausgemachten Blödsinn. Aber mein Onkel hatte diese Sätze Hitlers in seiner Rede zur Eröffnung der Olympischen Spiele 1936 gehört und meinte, das sei das höchste Ziel, zu dem man einen Jungen erziehen solle. Auf die Rückseite des Plakats hatte ich ein Kalenderblatt mit einem Schwarzwaldhaus aufgeklebt. Immer wenn Onkel wieder in seine Schule im Elsaß zurückgekehrt war, drehte ich das Plakat um und freute mich über das schöne Bild.
Onkel rauchte die bekannte Zigarettenmarke Attika. Die den Packungen beiliegenden Sammelbilder brachte er mir seit jenem Tag mit, als ich in meiner schönsten Schrift ein Gedicht aus unserer Fibel abgeschrieben, ein Bild dazu gemalt und es ihm zum Geburtstag geschenkt hatte. Das Gedicht lernte ich auch auswendig, so daß ich es am Geburtstag meines Onkels aufsagen konnte.

Jungvolk
Wir ziehen durch die Straßen
mit ruhig festem Schritt.
Und über uns die Fahne,
die flattert lustig mit.
Dong dong dong dong
diri diri dong diri dong.
Dong dong dong dong
diri diri dong diri dong
diri diri dong
Heil Hitler!

Damit hatte ich einige Pluspunkte bei meinem Onkel gesammelt! Eines Abends hörte ich, wie er zu Großmutter sagte: »Ich glaube, meine Erziehung hat schon gewirkt!« Aber Großmutter wollte davon nichts wissen. Sie war es auch, die mir kurz und bündig erklärte, wie blöd der Spruch über meinem Bett sei und daß ich das Plakat in Zukunft ruhig umgedreht hängen lassen kann.

Nur wenige Meter von unserem Haus entfernt war an der Hausecke gegenüber ein Tabakgeschäft. Dort holte ich immer für meinen Onkel Zigaretten. Als er mich wieder einmal losschickte, nahm ich Ruth mit. Ich wollte ihr etwas zeigen, was mich in dem Tabakladen schon seit langem sehr beeindruckt hatte. Wenn man den Laden betrat, blickte man auf eine riesengroße Puppe, die auf der Theke stand. Sie war fast so groß wie ich und in eine SA-Uniform gekleidet, mit allem, was dazu gehört: Reithosen und Reitstiefel, Koppel mit Schulterriemen und einer Mütze. Das Schönste aber war: Sie war von oben bis unten mit Abzeichen besteckt, die man bei den Straßensammlungen des Winterhilfswerks als Quittung für eine Spende erhielt: Holzfigürchen, Mini-Liederbücher, Porzellan- und Keramikfigürchen, Märchenfiguren. Auch Ruth zeigte sich beeindruckt. Ihr gefielen aber mehr die vielen Abzeichen. Die Uniform konnte bei ihr keine große Begeisterung wecken.

Bei diesem einen Besuch mit Ruth im Tabakladen blieb es. Die Verkäuferin schaute Ruth plötzlich scharf an und fragte sie: »Sag mal: Bist du nicht die Ruth Rosenberg?« Ruth nickte. Die Verkäuferin sagte zu mir ganz ruhig: »Die Ruth brauchst du nicht mehr mitzubringen! Du kannst natürlich jederzeit wiederkommen.«

Das tat mir weh. Was hatte Ruth verbrochen? Und ihre Eltern? Ich wollte schon etwas sagen, als Ruth mich heimlich in die Seite boxte. »Du weißt doch! Bitte sei ruhig!« flüsterte sie mir zu.

Wir verließen den Tabakladen. Ich war wütend, Ruth aber traurig.

12

Es war eisig kalt geworden im neuen Jahr.
Unser Plätzle war mit Schnee und Eis bedeckt. Langgestreckte, hohe Schneehaufen säumten die Gehwege. Die Anwohner mußten die Straße mühsam mit eigener Hand vom Eis befreien. Auch wir Kinder mußten ran. Mit Beil und Hakken gingen wir ans Werk. Urgroßvater beaufsichtigte uns. Von Zeit zu Zeit sah ich ihn hinter dem Vorhang seines Wohnzimmers zu uns herausschauen. Wenn es seiner Meinung nach nicht hurtig genug voranging, klopfte er an die Fensterscheiben und winkte mit der Hand. Das war eine recht vieldeutige Geste. Denn manchmal schien es auch, als ob er uns für unser Schuften ein wenig Anerkennung schenkte.
Ich hackte mit unserem Beil das Eis vor unserem Haus auf, und Ruth schaufelte die Eisstücke zur Seite. Mir gefiel das gut. Denn so war ich mit Ruth zusammen. An einigen Tagen bekamen wir sogar schulfrei.
»Jetzt ist das Jahr 5698«, sagte Ruth. Für mich war eine solche Zeitangabe nicht im mindesten einsichtig. So weit zählen hatten wir in der Schule noch nicht gelernt. Und auf unseren Kalendern stand eine ganz andere Zahl. Ruth aber blieb dabei, daß jetzt für die Juden das Jahr 5698 sei.

Nachdem wir über eine Stunde gearbeitet hatten, rief uns meine Großmutter herein. Wir durften uns in Urgroßvaters Wohnzimmer setzen. Das war ein recht selten gewährter Gunsterweis! Dort gab es Pfefferminztee und Weihnachtsbrötchen. Mein Urgroßvater aß tüchtig mit.

Für mich war es immer wieder faszinierend, ihm beim Essen zuzuschauen. Er hatte, solange ich ihn kannte, keinen einzigen Zahn mehr im Mund. Für so neumodisches Zeug wie ein Gebiß war er nicht zu haben. Er mußte schon seit vielen Jahren nur mit dem Kiefer gebissen und gekaut haben. Er konnte die härteste Brotrinde und auch die für ihren Härtegrad bekannten Springerle meiner Großmutter ohne besondere Mühe zerbeißen und kauen.

Ruth konnte ihren Blick von Urgroßvater kaum noch abwenden. Für sie war es ein ganz neues Erlebnis, ihn so beißen und kauen zu sehen.

Mein Urgroßvater stand auf und lud uns ein, noch ein wenig zu ihm in sein Schaffzimmer zu kommen, seine Schusterwerkstatt. Hier sollten wir uns ein wenig aufwärmen.

Er setzte sich auf seinen Schusterschemel, spannte einen Schuh in den Spannriemen und klopfte ein paar Holznägel in die Ledersohle. Vorher hatte er mit einem Pfriem die Löcher dazu vorgebohrt.

Hier im Schaffzimmer war ich wieder in meinem

Element. Ich konnte Ruth stolz erklären, wozu die Werkzeuge gebraucht werden, wie das mit den vielen Holzleisten ist, die in einem Regal an der Wand standen, wozu die Lederpresse dient und wie der Leim zum Ankleben der Sohlen zubereitet wird, was ein Nagelort ist und ein Schusterdreifuß, wie mit der Steppmaschine die Schuhe genäht werden.

Bald winkte ich Ruth, und wir stahlen uns aus dem Schaffzimmer. Das große Schlafzimmer, das wie alle Zimmer mit den anderen durch zwei oder drei Türen verbunden war, bot eine Menge interessanter Dinge. Ein riesiges Bild über dem Bett mit einem röhrenden Hirsch oder das steinharte Marzipanschwein auf dem Waschtisch – das waren so einige Attraktionen.

Meine Großmutter hatte mir einmal erzählt, daß sie meinem Urgroßvater vor fast zwanzig Jahren an Weihnachten das Marzipanschwein geschenkt hatte. Meinem Urgroßvater gefiel es so gut, daß er es nicht über sich brachte, es aufzuessen. So stand jetzt, nach bald zwanzig Jahren, das nahezu versteinerte Schwein immer noch da.

In der Ecke lehnte ein chinesischer Wandschirm. Großmutter konnte sich nicht erinnern, seit wann er da herumstand. Gebraucht wurde er nicht. Neben dem Wandschirm, halb von ihm verdeckt, führte eine schmale Tür in ein unbenutztes kleines Nebenzimmer. Das war das Geheimnisvollste neben dem riesigen Keller in unserem Haus. Vorsichtig öffnete ich die Tür.

Der Raum lag in einem gespenstischen Halbdunkel. Die schweren hölzernen Fensterläden waren immer geschlossen. Durch die Ritzen drang nur wenig Licht. Das elektrische Licht funktionierte nicht. Die Lampe an der Decke war ohne Glühbirne. Ich zeigte Ruth, was alles es da zu sehen oder besser noch zu ertasten gab. Das Zimmer war vollgestellt mit alten Möbeln, einem alten Kinderwagen, einem kleinen Regal mit verstaubten alten Büchern und mit nicht mehr benutzbaren Schuhleisten. An einer Wand stand ein altes Bett, das sicherlich seit undenklichen Zeiten nicht mehr benutzt worden war. Jeder unserer Schritte wirbelte eine Menge Staub auf, wir mußten niesen und husten.

»Macht nichts kaputt da drin«, hörten wir meinen Urgroßvater rufen.

Das hätten wir jedoch kaum fertiggebracht. Nichts in dem dunklen Zimmer war noch richtig heil.

Über der Tür ins Schlafzimmer hingen zwei gekreuzte Floretts und eine Florettmaske aus der Studentenzeit meines Großonkels Hermann. Daneben hingen der Säbel und die Pickelhaube meines Großonkels Wilhelm, der 1914 im Weltkrieg schon nach wenigen Tagen von einem französischen Scharfschützen durch einen Kopfschuß getötet worden war.

In der Ecke lehnte eine alte Ulanenlanze mit dem Rest eines Wimpels unter der Spitze. Urgroßvater erzählte gerne, daß sie noch aus seiner Soldatenzeit stamme und er damit unzählige Feinde erlegt habe. Das war nur eine der vielen Geschichten, die er erzählte, wenn er dazu aufgelegt war. Großmutter allerdings schüttelte bei den meisten Geschichten den Kopf und fragte meinen Urgroßvater auch dazwischen, ob er sich wirklich noch genau erinnern könne oder ob nicht die Phantasie mit ihm durchgehe.

»Mädsche«, sagte dann Urgroßvater und lachte dabei, »vielleicht habe ich das auch nur geträumt?«

Ich erzählte das Ruth. Sie meinte aber, ich wisse doch, daß auch ihr Vater so gerne Geschichten erzähle.

Wir blieben nur kurze Zeit in dem dunklen Zimmer. Der aufgewirbelte Staub ließ uns kaum noch etwas erkennen. Ich vermutete auch, daß mein Urgroßvater uns sicher bald wieder zum Eishakken schicken werde. Ganz fertig geworden waren wir ja noch nicht.

Draußen jedoch begann es langsam zu dämmern. Zum Eishacken reichte das Tageslicht nicht mehr. Wir beschlossen deshalb, nach oben zu gehen.

Ruth wollte mir schon seit langem ihre einzige und vielgeliebte Puppe zeigen. Sie spielte aber kaum noch mit ihr. Das war auch gut zu verstehen. Vom Porzellankopf war die Farbe abgegangen, die Arme und Beine, mit Sägemehl gefüllte Lederwürstchen, hingen nur noch an einzelnen Fäden, und der Rumpf war an mehreren Stellen brüchig geworden. Ruth hatte über die Löcher, aus denen das Sägemehl rieselte, Leukoplast geklebt.
»Miriam wird wohl bald an Altersschwäche sterben«, sagte Frau Rosenberg lachend. Sie war von uns unbemerkt ins Zimmer gekommen, als mir Ruth ihre Puppe Miriam vorführte.
»Die Miriam habe ich vor vielen, vielen Jahren in Polen von meiner Tante Rachel geschenkt bekommen. Sie ist viel älter als ich selbst«, fügte Frau Rosenberg hinzu.
Mit solchen Raritäten konnte ich nicht aufwarten. Mit Puppen schon gar nicht. Aber halt! Ich hatte doch auch ein uraltes Spielzeug, das mir eine Großtante geschenkt hatte. Es war eine Blechmaus zum Aufziehen, die ihre altersschwachen Kreise zog und nach wenigen Umdrehungen dann stehenblieb.
Wir hatten noch Weihnachtsferien. Ruth und ihre Eltern waren im vorigen Jahr bei uns eingezogen. So lange war das schon her? Im vorigen Jahr –

das war für mich in längst vergangenen Zeiten. Und jetzt war das Jahr 5698. An dieser Jahreszahl mußte ich noch lange herumdenken. Aber die Gegenwart lockte!

Morgen wollten wir in den Stadtgarten gehen und auf dem See schlittschuhlaufen. Von meiner Großmutter hatte ich ein Paar Schlittschuhe als Weihnachtsgeschenk bekommen. Sie gehörten früher meinem Großvater, der vor vielen, vielen Jahren gestorben war. Ruth hatte auch Schlittschuhe. Der morgige Tag versprach also etwas ganz Besonderes zu werden!

13

Dieser Tag wurde auch etwas ganz Besonderes! Bei meinen kümmerlichen Versuchen, auf dem Stadtgartensee auch so tolle Kreise und Achter zu drehen wie Ruth, gab ich sicher keine sehr gute Figur ab. Wenn es nur dabei geblieben wäre!

Als ich ans Ufer fuhr, mehr rutschend als fahrend, geriet ich auf besonders dünnes Eis. Mit einem Bein brach ich ein und stand auf einmal bis über das Knie im eiskalten Wasser. Zwei Männer zogen mich heraus.

Ruth erstarrte vor Schreck und bekam kein einziges Wort heraus, als sie mein Mißgeschick sah.

Wir schnallten die Schlittschuhe ab und rannten nach Hause. Im Takt klapperte ich mit den Zähnen. Mir war fürchterlich kalt.

Stotternd berichtete ich meiner Großmutter, was geschehen war. Mein Onkel würde jetzt vielleicht wieder sagen: »Ein deutscher Junge ist zäh wie Leder und hart wie Kruppstahl!«

Großmutter aber griff wortlos zu bewährten Hausmitteln, die mich schnell wieder auf die Beine bringen sollten. Ich mußte gleich ins Bett. Gegen das Fieber gab es Schafgarbentee. Ungesüßt, bitter und heiß. Ich mußte schwitzen. Deshalb deckte mich meine Großmutter mit allen erreichbaren Decken und Federbetten zu.

Gegen Halsweh, Husten und Schnupfen wickelte sie mir einen langen Wollstrumpf um den Hals und ließ mich ihren Hustensaft schlucken. Lange Zeit blieb für mich die Herkunft und die Herstellung dieses Saftes im dunkeln. Doch eines Tages bekam ich alles heraus.

Ich wunderte mich, wenn ich im Herbst für Großmutter rote Wegschnecken sammeln sollte. Wozu sie die brauchte, blieb ihr gut gehütetes Geheimnis. Bis – ja, bis ich sie dabei überraschte, wie sie die Schnecken in einen irdenen Topf legte, mit Zucker bestreute, einen Unterteller auf die Schnecken legte und ihn mit einem Gewichtstein beschwerte.

Auf mein hartnäckiges Fragen sagte sie mir schließlich, was es mit den Schnecken auf sich hatte. Wenn die Schnecken so vorbehandelt sind, sondern sie nach ein paar Tagen einen sirupähnlichen Saft ab. Den füllte Großmutter in eine kleine Flasche. Und das war ihr berühmter Hustensaft! Das Rezept hatte sie von ihrer Großmutter.

Nach meinem Schlittschuhunfall wußte ich das alles noch nicht. So schluckte ich brav den Saft, der einen unbestimmbaren, merkwürdigen Geschmack hatte. Doch Medizin darf ja, und das war die felsenfeste Überzeugung meiner Großmutter, nie gut schmecken.

Seit ich das Geheimnis des Hustensaftes kannte, konnte mich niemand mehr dazu bringen, auch nur ein Löffelchen davon zu schlucken. Nicht einmal meine Großmutter. Und das wollte schon etwas heißen!

Sie versuchte es noch einmal mit einem anderen Hustensaftrezept. In eine leere Weinflasche kamen kleingeschnittene Zwiebeln, Knoblauch, Zucker, verschiedene Kräuter, Wasser und etwas Schnaps. Nach einigen Tagen wurde die Flüssigkeit durch ein Sieb gegossen und stand jetzt als »Wundermedizin«, wie Großmutter etwas selbstgefällig sagte, zu unserer Verfügung. Aber nicht mehr zu meiner!

Meine Mutter wollte mich dazu bringen, etwas davon zu trinken, als ich wieder einmal hustete. Sie griff zu einem bewährten pädagogischen Kniff und sagte: »Schau, der schmeckt doch wirklich nicht schlecht. Ich trinke jetzt auch einen kleinen Schluck!«

Das hätte sie nicht tun sollen. Sie hatte den Löffel Saft schneller ausgespuckt als eingenommen.

»Pfui Teufel, das schmeckt ja widerlich! Gieß dieses Teufelszeug aus«, sagte sie zu meiner Großmutter, als sie wieder Luft holen konnte.

Das war das Ende der fürchterlichen Hausmedizinen.

Vorsichtshalber hatte ich Ruth rechtzeitig gewarnt, ja nie eine der Hausmedizinen meiner Großmutter einzunehmen. Ich glaubte, unsere Freundschaft würde dann sehr schnell enden.

Eine Woche lang lag ich nach meinem Schlittschuhunfall im Bett, schwitzte, trank Tee und betrachtete Ruths Zigarettenbilder-Album. Ein paarmal kam Ruth zu mir und las mir aus einem Geschichtenbuch von Scholem Alejchem vor.

Ich beeilte mich, gesund zu werden. Ruth hatte mir angekündigt, in wenigen Wochen sei das *Purim*-Fest. Da müsse ich unbedingt mit in die Synagoge.

»Wir Kinder verkleiden uns dann wie ihr an Fastnacht«, fügte sie hinzu.

Fastnacht und Purim fielen in diesem Jahr fast auf dieselben Tage. Ich bat Mutter, mir ein Fastnachtskostüm zu kaufen, um wie Ruth verkleidet in die Synagoge gehen zu können.

»Dafür haben wir kein Geld«, war ihre kurze Antwort.

Doch sie versprach, mir einen Trapper-Anzug zu schneidern. (Auf einem Foto, das den Krieg überstanden hat, bin ich als Trapper abgebildet. Das ist bis heute mein einziges Fastnachts- und zugleich Purim-Kostüm.)

Ruth begutachtete mich in dem selbstgeschneiderten Kostüm. Ihr Urteil fiel sehr positiv aus, was auch meine Mutter freute. Sie hatte sich ja solche Mühe gegeben.

»Du mußt noch eine Rassel haben«, sagte Ruth.

Eine Peitsche und eine Rassel durfte ich mir kaufen. Beim Tisch gab es solche Dinge, für mich wieder zu einem Sonderpreis.

Ruth hatte sich als Beduinenmädchen verkleidet. Trapper und Beduinin und Herr Rosenberg machten sich auf den Weg in die Synagoge. Meinen Trapperhut konnte ich in der Synagoge aufbehalten. Wozu ich die Holzrassel brauchte, hatte mir Ruth aber nicht verraten.

Bei diesem Purim-Gottesdienst saßen die Kinder der Gemeinde alle beisammen. Ruth gab mir noch Hinweise, wann ich die Rassel drehen mußte. Im Gottesdienst? Auch die anderen Kinder hatten alle solche Holzrasseln wie ich dabei.

»Ja«, sagte sie, »im Gottesdienst wird jetzt gleich die Ester-Rolle verlesen. Da kommt immer wieder der Name Haman vor. Und immer, wenn du diesen Namen hörst, mußt du ganz wild die Rassel drehen!«

Das war ein Gottesdienst! Immer, wenn der Kantor den »Haman« nannte, begannen die Kinder einen Höllenlärm mit ihren Rasseln zu machen und mit den Füßen auf den Boden zu stampfen.

Als der Gottesdienst zu Ende war, erhielten wir Kinder am Ausgang eine »Haman-Tasche«. Das war ein Gebäckstück, mit Mohn gefüllt. Es schmeckte köstlich!

Auf dem Weg nach Hause erzählte mir Ruth die Geschichte der Ester. Ihr Vater ergänzte ihre Erzählung. Ester war eine Jüdin, die als Frau des Perserkönigs die in Persien lebenden Juden vor der Vernichtung bewahrte. Der Großwesir Haman hatte geplant, alle Juden umbringen zu lassen, weil er mit dem Onkel der Ester, Mordechai, einen großen Streit hatte. Nachdem alles herausgekommen war, erlaubte der König den Juden, sich zu wehren. Haman und seine Söhne wurden an den für die Juden aufgestellten Galgen aufgehängt.

Zu Hause angekommen, gab mir Ruth ein *schlach-*

mones, ein Festtagsgeschenk. Es bestand aus einer Flasche Waldmeisterlimonade und zwei Haman-Taschen, die Frau Rosenberg gebacken hatte.

»Ein *schlachmones* besteht immer aus Haman-Taschen und sonst noch einer Eßsache«, erklärte Frau Rosenberg.

»Wenn wir in einem Monat *pessach* feiern, mußt du unbedingt zu unserer *Seder-Feier* kommen. Dann wirst du noch andere Festtagsspeisen kennenlernen!« fügte sie hinzu.

Eine Pessachspeise kannte ich schon: die Mazzen. Ich war gespannt, was alles es da sonst noch geben wird. Doch bis dahin war es ja noch eine sehr lange Zeit: ein ganzer Monat!

14

Mit dem Tanzknopf und dem Reifen konnten wir zur Not auch in unserem Hof spielen. Die Frühjahrssonne hatte hier die letzten Schneereste schmelzen lassen. Die großen Sandsteinplatten, mit denen der Hof ausgelegt war, bildeten einen einigermaßen ebenen Untergrund. Aber viel schöner ließ es sich auf dem Spielplatz beim Alten Friedhof spielen. Dort war ein Stück asphaltiert, wunderbar eben und wie geschaffen für Tanzknopf- und Reifenspiele.

Der Spielplatz war nur hundert Meter von meiner Schule entfernt. Großmutter hielt das aber für keinen ausreichenden Grund, Ruth und mich allein dorthin zu lassen. Also machten wir uns zu dritt auf den Weg. Frau Rosenberg war damit einverstanden, daß Ruth mit uns auf den Spielplatz ging. Die Aufsicht durch meine Großmutter schien ihr zu genügen.

Den Tanzknopf beherrschte ich sehr gut, während Ruth viel besser mit dem Reifen spielen konnte. Ich wickelte die Schnur der Peitsche um den Tanzknopf. Ein Ruck, und der Kreisel begann sich zu drehen. Mit geschickten Peitschenschlägen wurde er in Bewegung gehalten. Der Holzreifen wurde mit einem kurzen Stock angetrieben.

Ruth und ich wechselten uns in den beiden Spielen ab. Wenn es uns langweilig wurde, spielten wir Fangen oder Verstecken.

Bei unserer nächsten Exkursion auf den Spielplatz führte mich Ruth in die Regeln des Spiels »Himmel und Hölle« ein. Mit Kreide hatte sie auf dem Asphaltplatz die Spielfläche aufgemalt. Aber ich fand dieses Spiel doch etwas doof. Tanzknopf- und Reifenspiel, Fangen und Verstecken – das waren durchaus auch Bubenspiele. Doch »Himmel und Hölle«, Seilhüpfen und »Ball an die Mauer« waren richtige Mädchenspiele.

Jeder Tag, den wir miteinander auf dem Spielplatz verbringen durften, war wie eine Perle, aufgereiht auf einer Schnur. Viele waren es nicht. Deshalb zählte jeder einzelne.

Wenn wir auf dem Spielplatz waren, erkannte ich Ruth manches Mal nicht wieder. Wir spielten, tobten miteinander herum. Fast glaubte ich, Ruth sei kein Mädchen, sondern ein Junge. Ihr gefiel es auch sehr auf diesem Platz: Außer uns waren kaum andere Kinder da. Vor allem aber keine Erwachsenen. Und die wenigen Kinder, die den Spielplatz besuchten, kannten Ruth nicht und wußten auch nicht, daß sie ein jüdisches Mädchen ist. Ruth genoß das sichtlich. Einmal kletterten wir um die Wette auf einen Baum. Dann sandelten wir wieder wie kleine Kinder im Sandelkasten. Meine Großmutter schüttelte dazu einige Male verwundert den Kopf. Sie wußte es nicht, aber ich glaube, sie ahnte es, was in diesen kurzen Stunden Ruth so ganz anders sein ließ.

Vor dem »Schütz«, dem Parkwächter mit Stock und grüner Uniform, hatten wir Kinder einen Riesenrespekt. Der Schütz jagte alle unbarmherzig vom Rasen, achtete darauf, daß niemand Zweige abbrach oder Blumen pflückte. Frau Rosenberg hatte uns eingeschärft, ja nichts zu tun, was den Schütz veranlassen könnte, sich mit uns, vor allem mit Ruth zu befassen.

Da bekamen wir beide einen großen Schreck, als eines Tages der Schütz plötzlich vor uns auftauchte und meine Großmutter ansprach. Als wir beide lachen hörten, atmeten wir befreit auf. Es schien sich nichts Schlimmes anzubahnen. Als der Schütz wieder gegangen war, fragte ich Großmutter, was er denn gewollt habe.

»Das ist Herr Garms«, antwortete sie, »ich kenne ihn aus dem Marineklub, in den ich früher mit deinem Urgroßvater gegangen bin. Ich glaube, er hat mich nicht wiedererkannt. Wir sind ja beide älter geworden. Ihr braucht aber keine Angst zu haben. Von euch wollte er überhaupt nichts!«

Das war beruhigend. Aber Ruth wollte nun doch nicht länger bleiben. Wir gingen nach Hause. Das Haus meines Urgroßvaters war zu einem regelrechten Zufluchtsort geworden. Im Hof und in der Wohnung brauchten wir nichts zu befürchten. Denn nicht nur Ruth mußte sich feindselige Reden anhören, auch ich blieb davon nicht mehr verschont. »Mädlesschmecker«, das mir Kinder aus der Nachbarschaft nachriefen, »Juddefreund«, eine beliebte Anrede durch erwachsene Nachbarn, waren noch die harmloseren Beschimpfungen.

Da meine Mutter und meine Großmutter aus fürsorglicher Angst mich so wenig wie möglich zum Spielen mit den anderen Buben auf die Straße ließen, war ich fast schon ein kleiner Einzelgänger geworden. Aber die Freundschaft mit Ruth ließ mich das alles vergessen.

So vergingen die Tage und Wochen mit Schulbesuch, Spielen mit Ruth, gemeinsamem Einkaufen, bis eines Tages Ostern und das Passahfest vor der Tür standen. Ob Frau Rosenberg noch daran dachte, daß sie mich zum *Seder-Abend* eingeladen hatte?
Doch vorher durfte ich noch mit der ganzen Familie Rosenberg zum Sabbatgottesdienst am Samstagmorgen gehen. Wir hatten an diesem Samstag schulfrei. Den Grund weiß ich nicht mehr. Sicherlich hatte es mit dem Führer zu tun. Denn wir mußten die Hakenkreuzfahne vom Speicher holen und mit vereinten Kräften in die Halterung an einem der Wohnzimmerfenster einhängen und befestigen. Überall an den Häusern hingen Hakenkreuzfahnen.
Meine Großmutter sagte zu uns: »Wir dürfen keinen Krach mit dem Goldfasan riskieren. Hängen wir also die Fahnen raus! Der Goldfasan wäre noch imstand, uns anzuschwärzen, und für die Familie Rosenberg und deinen Urgroßvater wäre das sehr schlecht. Er ist als Hausbesitzer ja verantwortlich dafür, daß die Fahnen rausgehängt werden.«

Für Familie Rosenberg hatten wir auch eine Hakenkreuzfahne. Vor ihrem Wohnzimmerfenster war wie bei uns eine Fahnenhalterung befestigt. Wir halfen Frau Rosenberg und Ruth, die Fahne einzuhängen. Mein Urgroßvater hatte für seine Wohnung nur ein paar kleine Papierfähnchen, die er in die Blumenkästen vor seinen Fenstern steckte. Eine so große Fahne, wie sie jetzt vor unseren Fenstern hing, konnte er im Erdgeschoß gar nicht anbringen.

Als die Fahnen schließlich hingen, war es Zeit geworden, sich auf den Weg zur Synagoge zu machen.

15

In der Vorhalle der Synagoge herrschte dämmriges Licht. Jedes Mal, wenn die innere Tür geöffnet wurde, erhellte ein Lichtkegel den Vorplatz. In der Synagoge leuchteten alle Lampen. Es waren viele Menschen zum Gottesdienst gekommen. Viel mehr als freitagabends. Sie drängten sich durch die Reihen, suchten ihre Plätze. Die Männer und Jungen unten, die Frauen und Mädchen auf der Empore.

Orgeltöne fielen wie Regentropfen auf die Beter. Eine eigenartige, tieffeierliche Stimmung breitete sich in der Synagoge aus. Vielerlei Stimmen psalmodierten einzelne Worte: »*Adon Olam...* Der Herr der Welt, er hat regiert, eh ein Gebild erschaffen war... *Baruch atta adonai elohenu melech ha'olam ascher...* Gelobt seist du, Herr unser Gott, König der Welt, der uns geheiligt durch seine Gebote und uns befohlen, uns mit den Worten der Tora zu beschäftigen...«

Herr Rosenberg sagte mir dazwischen immer wieder auf Deutsch, was die Gebete bedeuten. »Jetzt beten wir das *baruch scheamar.* Gelobt sei, der da sprach, und es ward das All...«

Alle beteten laut und durcheinander. »Den ersten Teil des Sabbatgottesdienstes betet jeder von uns allein für sich. Jetzt kommt das *nischmat*-Gebet. ›Der Odem alles Lebenden lobe deinen Namen, Ewiger, unser Gott...‹ Ein sehr langes Gebet.«

Für mich war das schon recht langweilig. Ich konnte ja nicht mitbeten. Doch jetzt, nach diesem langen Gebet, wurde ein Lied gesungen.

»Ein Segenslied. Das wird gemeinsam gesungen, und dann beginnt der Morgengottesdienst«.

Alle standen auf während des Singens.

»Wir sprechen nun zur Heiligung Gottes das halbe *kaddisch.* Und dann erst kommt das *schacharit,* das Morgengebet.«

Es fiel mir auf, daß bei uns im Kindergottesdienst sehr viel weniger Gebete gesprochen wurden.

»Unser Gottesdienst ist ein einziges Gebet, ein Lobpreis Gottes«, meinte Ruth, als ich sie später danach fragte.

Beim Singen des Glaubensbekenntnisses, des *sch'ma jissroel,* hallte der Gesang durch die Synagoge, kräftig und inbrünstig. Danach ging es wieder ruhiger weiter. Alle lasen aus ihren Gebetbüchern leise ein Gebet, die *amida.* Danach standen wir wieder auf, und alle sprachen dasselbe Gebet nochmals laut.

»Jetzt kommt das ganze *kaddisch.*«

Die Gemeinde sagte beim *kaddisch,* das der Kantor vorsprach, nach einigen Worten immer laut »Amen«.

Wieder sangen alle ein Lied.

»Gib jetzt gut acht! Die Tora-Rolle wird aus dem Toraschrein, der heiligen Lade, herausgeholt, ausgehoben, wie wir sagen. Und dazu beten wir das *wajehi binsoa ha'aron:* ›Es war, wann die heilige Lade aufbrach...‹«

»Wann die Lade aufbrach...« wiederholten die Beter. Einer der Männer zog den Vorhang vor dem Toraschrein von rechts nach links auf. Der Schrein war innen hell erleuchtet. Die Rollen hatten alle wunderschön bestickte violette, rote, blaue oder schwarze Mäntel um. Oben drauf steckten kleine silberne und goldene Glockentürmchen.

»Das sind die *rimonim,* das heißt eigentlich Granatäpfel. Früher sahen die Aufsätze aus wie Granatäpfel.« Herr Rosenberg war wie immer sehr bemüht, mir die Zeremonie genau zu erklären.

Der Mann hob eine Torarolle heraus. Sie war mit einem dunkelblauen Mantel umhüllt. In der Mitte leuchtete ein mit silbernen Fäden aufgestickter Davidstern. Der Mann gab sie dem Oberkantor in die Arme, der sie vorsichtig und langsam durch die ganze Synagoge trug. Der Vorhang wurde wieder zugezogen. Überall, wo der Kantor mit der Torarolle vorbeikam, berührten die Männer mit ihren Fingerspitzen den Mantel und führten sie zum Mund. Manche berührten auch mit den *zizit,* den Quasten ihrer Gebetsmäntel, die Rolle.

Wieder vorne angekommen, nahm der Oberkantor die *rimonim* ab und steckte sie auf zwei Zapfen am Lesepult. Er legte das Tora-Schild auf die Seite. Es hing an einem Kettchen wie ein Brustschild an der Tora-Rolle. Dann zog er den Toramantel aus, knüpfte ein langes Band auf, mit dem die Rolle umwickelt war, und legte die Torarolle auf das Lesepult. Wie hieß es noch? Es fiel mir wieder ein: *almemor,* der Name war mir noch gut in Erinnerung.

Oberkantor Metzger rief lauf: »Es möge vortreten Nathan ben David!« Man nennt nur den Vornamen des Aufgerufenen und sagt, wessen Sohn er ist, hatte mir Herr Rosenberg erklärt. Also Nathan, Sohn des David.

Nathan kannte ich. Er hieß mit Nachnamen Kahn und wohnte ganz in unserer Nähe. Er trat zum Lesepult und sprach einige Worte. Ich erkannte sie gleich wieder als Segensspruch. Er begann mit den mir schon vertrauten Worten: *»Baruch atta adonai elohenu...* Gepriesen seist du, Herr, unser Gott...« Dann aber trat er zurück, und der Kantor las aus der Rolle vor.

Ruth hatte mir vor wenigen Tagen noch erklärt, daß die fünf Bücher Mose auf Pergament, auf Tierhaut, geschrieben werden und daß man die einzelnen Blätter zusammennäht und die so entstandene Rolle auf zwei Holzstäbe, vom Ende und vom Anfang her, aufwickelt. Sie heißen eigenartigerweise »Lebensbäume«. Ich konnte aber nicht erkennen, was diese Holzstäbe mit einem Baum zu tun haben könnten.

Der Kantor war jetzt fertig mit Lesen. Herr Kahn trat wieder vor und sprach noch einen Segensspruch. Danach ging er zu seinem Platz zurück.

Der Oberkantor rief noch weitere sieben Männer auf. Alle machten es so wie Herr Kahn.

»Seit langer Zeit schon liest keiner mehr selbst seinen Tora-Abschnitt«, erklärte Herr Rosenberg. »Es ist sehr schwierig, das Vorlesen. Deshalb liest stellvertretend für jeden Aufgerufenen der Kantor aus der Tora.«

Der letzte, der aufgerufen wurde, war Ruths Vater. Er las selbst aus einem Buch vor.

»Ich habe aus dem Jesaja-Buch vorgelesen«, sagte er, als er wieder neben mir saß. »Sieben Männer lesen aus der Tora, der achte liest aus einem anderen biblischen Buch einen vorgeschriebenen Abschnitt. Das heißt die *haftara*-Lesung.«

Genau wie die Torarolle aus dem Toraschrein herausgeholt und für die Lesung vorbereitet wurde, wurde jetzt alles gerade umgekehrt gemacht.

Nach einem kurzen Orgelvorspiel stimmte Oberkantor Metzger ein Lied an und sang es mit der Gemeinde im Wechsel.

»Jetzt kommt etwas, was auch du Wort für Wort verstehen kannst.«

Inzwischen hatte Rabbiner Dr. Schiff die Kanzel bestiegen und mit seiner Predigt begonnen. Herr Rosenberg hatte recht: Der Rabbiner predigte in deutscher Sprache.

»Er legt jetzt den Abschnitt der Toralesung aus. Die Predigt wird sehr kurz sein. Ihr folgen noch weitere Gebete, das *mussaf*-Gebet, noch einmal das *kaddisch,* und zum Schluß singen wir wieder gemeinsam das *adon olam.*«

Bei den verschiedenen Gebeten mußten wir wieder stehen. Zum Schlußgebet, das gesungen wird, *adon olam,* durften wir sitzen.

Das war ein langer Gottesdienst! Ruth sagte später, er habe über zwei Stunden gedauert. Ich war richtig froh, als Ruth und ihre Mutter von der Frauenempore herunterkamen und wir nach Hause gehen konnten.

Es war der erste und auch der letzte Samstagmorgengottesdienst, den ich mit Ruth und ihren Eltern in der alten Synagoge miterlebte. Es ergaben sich später keine Möglichkeiten mehr, da ich samstags zur Schule mußte. Und in den Sommerferien war ich nicht da. Ich verbrachte sie mit meiner Mutter bei meiner Tante Hilde in Plauen.

16

Ruth erzählte mir oft von ihren Erlebnissen in der jüdischen Schule. Sie war zwei Jahre älter als ich und daher auch zwei Klassen über mir. Sie sprach öfter davon, daß sie gerne in die Mädchen-Oberschule gehen würde. Im nächsten Schuljahr wäre es soweit. Jetzt besuchte sie die vierte Volksschulklasse. Ihre Eltern jedoch versuchten ihr das auszureden. Sie wußten inzwischen, daß ein jüdisches Kind kaum eine Chance hatte, die höhere Schule zu besuchen.

»Über zweihundert Kinder sind wir in der jüdischen Schule. Wir haben ein paar Klassenzimmer in der Hilfsschule«, erzählte mir Ruth. »Die Hilfsschüler haben aber einen anderen Eingang als wir. Und in der Hofpause dürfen sie nicht mit uns spielen oder sprechen. Unsere Lehrer aber sind prima!«

Das konnte ich von meinen Lehrern nicht uneingeschränkt sagen. Mein Klassenlehrer haßte zwar alles, was mit Uniformen und Militär zusammenhing. Er versuchte aber mit allen Kräften, uns auf seinen heiß verehrten Führer einzuschwören. In der ersten Turnstunde machte er uns deutlich, daß es wichtig sei, eine strenge Ordnung einzuhalten. Militärische Befehle wollte er jedoch nicht geben. Das sah dann so aus: Er ließ uns antreten, kommandierte aber nicht: »In Linie angetreten«, sondern: »Auf die Dielenfugen ... steht!«

Ich mochte ihn. Wir lernten viel bei ihm. Wenn er uns aber Fragen über den Führer stellte, die wir nicht gleich und nicht ausführlich beantworten konnten, geriet er regelmäßig aus dem Häuschen. Wie aber sollten wir Zweitkläßler uns für die Lebensdaten des Führers begeistern?

Ein anderer Lehrer war etwas kurz geraten. Sein Stock, mit dem er immer zu sehen war, als wäre er ein Körperteil von ihm, war fast so groß wie er.

In der Zehnuhrpause mußten wir im Schulhof in Zweierreihen im Kreis gehen. Wer mal etwas aus der Reihe tanzte, bekam diesen Stock auf seinem Hinterteil zu spüren.
Unsere Schule hatte eine Knaben- und eine Mädchenabteilung. In den Klassen der jüdischen Schule saßen Mädchen und Jungen beisammen. In Ruths Schule war auch sonst vieles anders. Die Lehrer straften nicht mit dem Stock. Und es schien auch viel lustiger als bei uns zuzugehen. Aber lernen mußte Ruth auch. Und nicht zu knapp!
Sie hatte immer viele Hausaufgaben zu erledigen. Ihre Mutter sagte einmal, daß die Lehrer in der jüdischen Schule darauf achten, den Kindern so viel wie möglich beizubringen. Es sei sehr wichtig, viel gelernt zu haben, wenn man nach Palästina auswandern möchte. Ich erschrak heftig. Sollten die Eltern Ruths vorhaben, auch – wie einige Nachbarn – auszuwandern? Das Wort »auswandern« sagte mir zwar nicht sehr viel. Doch soviel verstand ich, daß es bedeutete, Ruth würde eines Tages mit ihren Eltern ausziehen und in das ferne Palästina reisen. Das wäre schlimm gewesen. Wir verstanden uns jetzt so gut, daß ich mir ein Leben ohne Ruth einfach nicht mehr vorstellen konnte.
Ruth erzählte mir eines Tages, daß wieder einer

ihrer Lehrer nicht mehr zum Unterricht gekommen war. Er war ausgewandert.

Ausgewandert war auch schon vor ein paar Jahren der Arzt, der mich, wie meine Mutter sagte, »zur Welt gebracht hatte«. Dr. Rheinberger war Jude. In unserer Familie nannte man seinen Namen mit großem Respekt. Und das Wort »auswandern« verbindet sich mir immer noch auch mit diesem Namen.

Einer unserer Nachbarn sei auch »ausgewandert«, erzählte einmal beim Bäcker eine Frau. Das sei aber recht merkwürdig, denn er sei doch gar kein Jude. Er war nicht sehr lange weg. Meine Großmutter traf ihn eines Tages auf der Straße. Sie erzählte uns, er sei nur zwei Monate fort gewesen. Er habe ihr berichtet, daß er aus politischen Gründen verhaftet und ins KZ Kislau eingeliefert worden war. Mehr war jedoch nicht aus ihm herauszubringen. Er sei zum Schweigen verpflichtet worden. Er dürfe nicht erzählen, wie es in Kislau zugegangen war, sonst müsse er wieder zurück.

17

Meine Mutter arbeitete bei der Reichsbahn. Sie hatte jeden Tag zwei Stunden Mittagspause, kam dafür aber am Abend recht spät nach Hause. Ich mußte ihr immer berichten, was am Tag alles passiert war. Sie ließ es sich nicht nehmen, abends abzuhören, was ich auswendig zu lernen gehabt hatte. Die Schulhefte wurden durchgesehen. Wenn ich nicht mit schöner Schrift geschrieben hatte, bedeutete das: alles noch einmal schreiben!

Tagsüber hatte meine Mutter keine Zeit für mich. Und abends mußte ich nach dem Durchsehen der Hausaufgaben und nach dem Abendessen ins Bett gehen. Nur am Samstagmittag hatte meine Mutter frei. Das war die Zeit, die wir miteinander verbrachten. Wir »schwänzten« dann durch die Stadt. Das hieß, wir machten einen ausgedehnten Einkaufsbummel. Am Schluß stand immer der Besuch im Erfrischungsraum des Kaufhauses Tietz auf dem Programm. Meine Mutter spendierte uns dann Wienerle mit Kartoffelsalat.

Einmal fragte sie eine Verkäuferin: »Wo gibt es denn hier im Tietz Geldbeutel?«

Die Verkäuferin schaute sie mit schiefen Blicken an und sagte: »Liebe Frau, hier gibt es kein Kaufhaus Tietz mehr. Haben Sie denn nicht gelesen, daß das kein Judenkaufhaus mehr ist? Wir heißen seit dem letzten Jahr ›Union – Vereinigte Kaufstätten‹!«

Trotzdem war es für uns immer noch der »Tietz«.

Kurz vor Ostern machten wir unseren Einkaufsbummel zu viert. Ruth und ihre Mutter begleiteten uns auch in den Tietz. Mutter hatte sie eingeladen. Wir aßen unsere Wienerle mit Kartoffelsalat. Ruth und ihre Mutter tranken Tee und aßen Kuchen dazu. »Ob die Wienerle auch koscher sind, weiß ich nicht«, erklärte Frau Rosenberg, »wir nehmen lieber etwas anderes.«

Auf einem Podium saß eine kleine Musikkapelle. Sie spielte immer am Samstagnachmittag die neuesten Schlager und Musikstücke: »Das kann doch einen Seemann nicht erschüttern...« und »Vilja, o Vilja, du Waldmägdelein...« Das gefiel meiner Mutter besonders gut. Für Frau Rosenberg und Ruth war unser Tietz-Besuch schon ein Erlebnis.

Unsere Mütter wollten noch ein wenig miteinander plaudern. Ruth und ich durften uns solange im Kaufhaus umsehen. Mit dem Fahrstuhl fuhren wir in die Spielwarenabteilung. Der Fahrstuhlführer rief bei jedem Stockwerk aus, was es hier zu kaufen gab. Beim dritten Stock rief er: »Glas, Por-

zellan, Spielwaren, alles fürs Kind!« Wir stiegen aus und bummelten durch die Spielwarenabteilung. Was gab es hier alles zu sehen!
Spiele, Holzreifen, Tanzknöpfe, Kreisel, Puppen, Puppenkaufläden, Puppenstuben, prächtig bemalte Zinnsoldaten, Spielzeugkanonen, mit denen man kleine Granaten abschießen konnte, Schuco-Autos, Märklinbaukästen, Modelleisenbahnen zum Aufziehen, Kasperletheater, Handpuppen, Teddybären und tausend andere Sachen.
»Hätten wir nur viel Geld!« seufzte Ruth beim Anblick dieser herrlichen Spielsachen.
Aber wir beide wußten, daß wir allenfalls zum Geburtstag und ich an Weihnachten und Ruth an Chanukka mit neuem Spielzeug rechnen konnten. Wir besaßen nur wenig Spielsachen. Ruth hatte ihre Puppe Miriam, ihr Zigarettenbilder-Album, einen kleinen Puppenwagen und eine uralte Puppenstube, die sie von ihrer Großmutter bekommen hatte. Mit der Puppenstube hatte schon die Großmutter als Kind gespielt. Ich hatte eine kleine Modelleisenbahn zum Aufziehen, die auf einem Schienenkreis fuhr, eine alte Blechmaus, einen Holzbaukasten, Schuco-Autos und einen kleinen Stoffhund, das »Waudele«.
Wir waren jedoch glücklich damit. Viel Phantasie mußten wir aufbringen, um mit unseren wenigen

Spielsachen auf möglichst vielfältige Weise spielen zu können.

Bei unserem Bummel durch die Spielwarenabteilung vergaßen wir völlig, daß Ruth als jüdisches Mädchen bestimmt Schwierigkeiten bekommen hätte, wenn – ja wenn die Leute und die Verkäufer es wüßten! Damals mußten Juden noch keinen Judenstern tragen. Und als es dann soweit war, brauchten Ruth und ihre Eltern keinen gelben Stern mehr.

Hand in Hand schlenderten wir durch das Spielzeugparadies, schauten und staunten und erzählten uns gegenseitig, was wir alles kaufen würden, wenn wir Geld hätten. Das Wort »Taschengeld« kannten wir nicht.

Wir kehrten in den Erfrischungsraum zurück, wo unsere beiden Mütter eifrig ins Gespräch vertieft waren. Sicher hatten sie sich viel zu erzählen – vielleicht auch über uns? Da meine Mutter den ganzen Tag berufstätig war, trafen die beiden recht selten zusammen.

Meine Mutter zahlte die Rechnung. Sie hatte ja Ruth und ihre Mutter eingeladen. Sie kaufte sich noch einen Geldbeutel, dann machten wir uns auf den Heimweg. Gegenüber dem Kaufhaus Tietz lud das Kaufhaus Knopf zum Bummeln und Einkaufen ein.

»Der ›Knopf‹ ist auch ein jüdisches Kaufhaus«,

meinte Frau Rosenberg nachdenklich, als wir daran vorbeigingen. »Wer weiß, wie lange die Besitzer es noch behalten dürfen. Sicher geht es eines Tages dem ›Knopf‹ wie letztes Jahr dem ›Tietz‹.«

Über den Adolf-Hitler-Platz marschierte eine Jungvolk-Gruppe mit einer Hakenkreuzfahne, die wir grüßen mußten.

»In zwei Jahren mußt du auch zum Jungvolk«, sagte meine Mutter zu mir, als wir an der Gruppe vorbei waren. »Mein Chef hat mich gefragt, ob du auch schon mitmarschierst. Ich habe ihm geantwortet, daß du erst in zwei Jahren dazu mußt. Er sagte, wenn du in das Jungvolk eintrittst, will er dir ein Fahrtenmesser schenken!«

Ich wußte nicht so recht, ob ich mich darauf freuen sollte. Marschieren, Zeltlager, Heimabende – das alles hatte mir mein Onkel schon in leuchtenden Farben geschildert. Gar nicht gefallen hatte mir, als vor ein paar Tagen Hitlerjungen an unserem Haus vorbeimarschierten und ganz laut sangen, als sie vor unserem Haus waren: »Wenns Judenblut vom Messer spritzt…«

Dieses Lied und sein Text klangen mir noch lange in den Ohren. Ich hatte Ruth nichts davon erzählt. Sie war zu dieser Zeit in der Schule. Hoffentlich hatte es auch Frau Rosenberg nicht gehört!

18

Meine Großmutter konnte fast alle Lieder des Gesangbuchs auswendig aufsagen. Sie hatte sie in ihrer Schulzeit gelernt. Und die lag schon weit zurück! Wenn Großmutter nachmittags die Liedverse abhörte, die ich im Religionsunterricht zum Lernen aufbekommen hatte, brauchte sie dazu das Gesangbuch nicht. Manchmal war Ruth dabei, wenn mich Großmutter aufsagen ließ. Sie staunte stets aufs neue, was alles meine Großmutter auswendig wußte.

Wenn Abhörzeit war, kam Ruth gern zu uns. Sie wußte, daß sich meine Großmutter nicht lange bitten ließ, uns nach dem Abhören Geschichten zu erzählen. Sie kannte eine Unmenge märchenhafter Geschichten. Sie erfand sie immer während des Erzählens. Das hatte sie mir eines Tages gestanden, als ich sie fragte, wo sie diese vielen Geschichten gehört oder gelesen habe. Und sie erzählte mir, wie sie zum Geschichtenerfinden gekommen war.

Als ich noch sehr klein war, wollte ich nicht essen. Meine Großmutter mußte mich füttern und konnte mich nur zum Essen bewegen, wenn sie mir versprach, Geschichten zu erzählen. Solange, bis alles aufgegessen war. Die Geschichten mußten also immer genau so lang sein, wie ich Zeit zum Leeressen brauchte. Da mußte sie ihre Geschichte entweder etwas kürzen oder etwas strecken. So begann es mit dem Geschichtenerzählen.

Ruths Vater war auch ein begabter Geschichtenerzähler. Und er kannte viele Geschichten, vor allem die des Dichters Scholem Alejchem. Ruth und ich konnten fast jeden Tag Geschichten anhören: Ruths Vater, meine Großmutter und mein Urgroßvater wechselten sich ab im Erzählen. Einmal saßen wir bei meiner Großmutter in der Küche, einmal beim Urgroßvater in seinem Schaffzimmer und ein anderes Mal auf dem Sofa in Rosenbergs Wohnzimmer. Immer wenn es mittags regnete, wir keine Schule hatten und nicht einkaufen oder auf den Spielplatz gehen konnten, war Geschichtenzeit.

Herr Rosenberg erzählte auch so manches aus der Geschichte des jüdischen Volkes. Oder er erzählte uns, was er über die Juden in unserer Stadt gehört oder gelesen hatte. Einmal erzählte er, wie vor vielen Jahrzehnten der Jude Moritz Reutlinger beim Theaterbrand in unserer Stadt 37 Menschen das Leben gerettet hatte. Er erzählte auch von den Wunderrabbis in Galizien und von den Juden im »Stetl«.

Vieles verstand ich damals noch nicht. Aber in späteren Jahren standen mir diese Erzählungen mit ihren jüdischen Menschen lebendig vor Augen, wenn ich in der Oberschule von den »jüdischen Untermenschen« hörte, die an allem schuld sein sollten und deren Vertreibung und Vernichtung zum Heil des deutschen Volkes nötig seien.

Urgroßvater erzählte seine Geschichten immer mit einem Augenzwinkern. Wir wußten nie so recht, ob es wirklich Selbsterlebtes war, von dem er erzählte, oder ob wieder seine Phantasie mit ihm durchging. Oft waren es ganz phantastische Geschichten: die Liebe zweier Schuhleisten, die nicht zueinanderkommen konnten, weil sie auf verschiedenen Regalbrettern standen, oder die Geschichte vom Leimteufelchen, das mit dem Schusterleim allerlei Schabernack trieb. Er wußte zu allen Gegenständen in seinem Schaffzimmer eine Geschichte. Und das steinharte Marzipanschwein im Schlafzimmer wurde lebendig, wenn Urgroßvater von den »marzipanenen Schweineerlebnissen« erzählte.

Wir sahen meinen Großonkel Wilhelm leibhaftig vor uns, wenn mein Urgroßvater sich die Pickelhaube seines gefallenen Sohnes aufsetzte und dessen Säbel in der Hand schwang. Dann war er nicht mehr der fast neunzigjährige alte Mann. Seine Gestalt reckte und streckte sich, seine Augen leuchteten, und seine Stimme gewann auf einmal Kraft und Feuer. Er erzählte vom Studium

Wilhelms, von seiner Braut Maria, die ihm versprochen hatte, auf ihn zu warten, und die noch heute vergeblich wartete. Auch über seine anderen sieben noch lebenden Söhne und Töchter kannte er tausend Geschichten. Manchmal erzählte er von seiner Begegnung mit der Großherzogin Luise. Zweimal durfte er für die großherzogliche Familie Schuhe anfertigen. Interessant war auch immer, wenn Urgroßvater von seinen Erlebnissen mit Menschen in ganz Deutschland erzählte, die er auf der Walz getroffen hatte.
Das war eine phantastische Welt, die sich mir und Ruth auftat. Mein nüchterner SA-Onkel und meine arbeitsame Mutter konnten dem Geschichtenerzählen nur wenig abgewinnen. Für sie zählte nur die rauhe Wirklichkeit.
Ruths Vater aber versicherte uns immer wieder, wie wichtig es ist, all das, was man erlebt hat und was man weiß, durch Erzählen weiterzugeben.
Großmutter hatte für sich die ganze phantastische Märchenwelt gepachtet. Oft waren es auch ihre Träume, die Stoff für neue Märchengeschichten abgaben. Aber auch im Deuten ihrer Träume war Großmutter einzigartig. Sie benutzte dazu häufig ein uraltes, abgegriffenes und zerfleddertes »ägyptisches Traumbuch«, wie sie es nannte.
Großmutter war klein und wuselig, und doch auch eine stolze Frau, die sich nicht unterkriegen

ließ, als Großvater in jungen Jahren plötzlich starb. Sie hatte für sich Überlebensstrategien entwickelt, zu denen auch ihre phantastischen Geschichten gehörten. Manchmal hielt sie im Erzählen inne, und wir mußten ihr »klassisches Profil« mit ihrer »griechisch-römischen Nase« bewundern.

»Das hat deinem Großvater so gut gefallen. Deshalb hat er mich auch geheiratet«, hieß jedesmal die Erklärung.

Viele der Geschichten, die Ruth und ich zu hören bekamen, habe ich später meinen eigenen Kindern erzählt. Und bei jeder dieser Geschichten, die ich erzählte, sah ich Ruth neben mir sitzen, hörte, wie sie lachten mußte, wenn Urgroßvater erzählte, sah ihren verträumten Blick, wenn sie den Märchen meiner Großmutter lauschte.

19

Kurz nach dem Mittagessen klopfte es an unserer Wohnungstür. Draußen standen Ruth und ihre Mutter. Ruth trug einen Korb in der Hand und Frau Rosenberg zwei Flaschen Bier. Meine Großmutter bat die beiden in die Wohnung. Was hatte dieser Besuch zu bedeuten?

Ruth holte aus dem Korb einen angeschnittenen

Laib Brot. Sie legte ihn auf den Wohnzimmertisch zu den beiden Bierflaschen, die ihre Mutter dort abgestellt hatte.
»Wir wollen Ihnen das Brot und das Bier schenken«, sagte Frau Rosenberg. »Wie Sie wissen, beginnt morgen unser Pessach-Fest. Und da dürfen wir nichts Gesäuertes und nichts Vergorenes mehr in der Wohnung haben. Eigentlich soll man das Gesäuerte und Vergorene an Nichtjuden verkaufen. Wir möchten es Ihnen aber schenken.«
»Nachher werden wir noch in der ganzen Wohnung nach Gesäuertem suchen. Heute ist der 14. Nissan nach unserem Kalender. An diesem Tag vor dem Pessachabend muß alles Gesäuerte aus der Wohnung«, ergänzte Ruth.
»Willst du uns dabei helfen?« fragte sie mich.
Ich hatte nichts dagegen. Ostern war gerade vorbei, und Ruth hatte mir geholfen, die von meiner Mutter und meiner Großmutter versteckten Ostereier zu suchen. Jetzt also war es gerade umgekehrt.
Ich war gespannt, wie das alles vor sich geht. Soviel wußte ich: Gesäuertes sind Brot und andere Backwaren, die mit Hefe gebacken wurden, und alles, was aus Getreide hergestellt ist. Ruth hatte es mir vor ein paar Tagen erklärt. Sie hatte mir erzählt, was alles zum Pessach-Fest gehört und wie es gefeiert wird.

Meine Großmutter bedankte sich für das unerwartete Geschenk und ließ mich mit Ruth und ihrer Mutter in deren Wohnung gehen, um Gesäuertes zu suchen.

»Ruths Vater hat noch etwas Brot versteckt. Wenn ihr es gefunden habt, wollen wir es miteinander verbrennen«, sagte Frau Rosenberg.

Wir fanden auch tatsächlich zehn Brotstückchen, die Ruths Vater an den unmöglichsten Stellen in der Wohnung versteckt hatte. Es war eine recht lustige Sucherei. Manchmal gab uns Ruths Mutter einen kleinen Wink, wo wir vielleicht noch etwas finden könnten. Sie selbst brachte ein Stück Hefe, das sie im Küchenschrank entdeckt hatte.

»Die Brotstückchen und die Hefe müssen noch heute mittag verbrannt werden!« sagte Herr Rosenberg, der zu uns in die Küche gekommen war.

Gemeinsam warfen wir die Brotstückchen in den Küchenherd. Ruths Vater sprach dabei einen Vers, der immer dazu gesagt wird:

»Alle Arten von Gesäuertem und Hefe, die sich in meinem Besitz befinden, jene, die ich nicht gesehen habe, sowie jene, die ich nicht entfernt habe, werden hiermit aufgegeben und sollen fortan wie der Staub der Erde betrachtet werden.«

»Vielleicht«, meinte Herr Rosenberg, »hängt das Ostereiersuchen bei euch Christen mit unserem

Suchen nach Gesäuertem irgendwie zusammen. Ich weiß es nicht.«

Ruth zeigte mir in der Küche noch Geschirr, das ganz anders aussah als die gewohnten Teller und Schüsseln. Auch Besteck und Gläser standen dabei.

»Das ist unser Pessach-Geschirr. Wir dürfen an den acht Pessachtagen kein Geschirr, keine Gläser und kein Besteck verwenden, das wir in der übrigen Zeit benutzen«, sagte Ruth.

Sie zeigte mir auf einem Teller hebräische Schriftzeichen, ein Wort, das, wie sie erklärte, *pessach* heißt. Auch auf den anderen Tellern stand dieses Wort.

»So können wir das Geschirr nicht verwechseln!«

»Das war bei uns nicht immer so«, warf Frau Rosenberg ein. »Als Ruths Vater und ich noch in Polen lebten, hatten wir nicht so viel Geld, um uns Geschirr, Besteck, Töpfe und Gläser nur für die Pessachwoche kaufen zu können. Wir mußten alles für Pessach *kaschern*.«

Als sie meinen fragenden Blick bemerkte, erklärte sie das Wort.

»Das kommt von *koscher,* rein. Das heißt also: rein machen. Das war immer etwas schwierig. Gläser, Töpfe, Pfannen, das Besteck und die Gläser mußten an verschiedenen Tagen mehrmals in kochen-

des Wasser getaucht werden. Ich wüßte gar nicht, wie ich heute das alles noch schaffen könnte.«
Der Nachmittag ging schon zu Ende. Es war höchste Zeit, an die Hausaufgaben zu denken. Ich verabschiedete mich von den Rosenbergs. Ruths Vater rief mir noch nach:
»Vergiß nicht: Du bist heute abend zum *seder* eingeladen. Bring auch deine Mutter und deine Großmutter mit!«
Sie hatten es also nicht vergessen! Ruth hatte mich schon richtig neugierig gemacht, als sie davon sprach, was an diesem Seder-Abend alles gemacht wird. Von Bitterkräutern, Mazzen, einem angebrannten Lammknochen und vielen anderen Dingen, die ich am *seder* kennenlernen sollte, hatte sie erzählt. Auch meine Großmutter wußte einiges davon. Vor Jahren war sie schon einmal bei einer jüdischen Familie zum Seder-Abend eingeladen gewesen. Doch sie habe vieles nicht verstanden, meinte sie.
»Sag nur der Ruth, sie soll uns alles genau erklären!« schärfte sie mir ein.
Ich wollte ja auch immer alles genau wissen. Deshalb würde ich es bestimmt nicht vergessen.

20

Mutter war inzwischen von der Arbeit nach Hause gekommen. Sie überlegte laut:
»Sollten wir uns nicht für heute abend besonders schön anziehen? Es gehört sich sicher nicht, zu einer solchen Feier in den Alltagskleidern zu kommen.«
Also wurden Schränke durchwühlt, Kleider ausgesucht. Meine Großmutter hatte noch ein schönes Sonntagskleid im Schrank hängen. Sie zog es aber sehr selten an.
»Heute kommt mein Blaugestreiftes zu Ehren!« meinte sie. »Und was ziehen wir dir an?« Dabei blickte sie mich an. Ich wußte schon, was ich anziehen wollte: meinen Matrosenanzug. Denn den hatte Ruth bisher noch nicht an mir gesehen!
Meine Mutter war einverstanden. »Aber wehe, wenn du den schönen Anzug versabberst!«
Endlich war es soweit. Großmutter und Mutter waren bereits angekleidet. Bei mir dauerte es noch. Meine Mutter mußte erst noch die zum Matrosenanzug passenden langen Wollstrümpfe heraussuchen. Kniestrümpfe standen wieder einmal nicht zur Diskussion!
Herr Rosenberg empfing uns an der Wohnungstür. Er hatte seine *kippa* auf und ein weites, weißes Hemd mit langen Ärmeln an.

»Ist das Ihr Sterbehemd, Herr Rosenberg?«
Ich konnte die Frage nicht unterdrücken. Herr Rosenberg sah in diesem Hemd ganz anders aus als sonst. Meine Großmutter zog mich auch schon am Ohr.
»Sei doch nicht so vorlaut! Der Herr Rosenberg wird zur Feier des Tages ein Sterbehemd anziehen!«
Ich konnte aber aufatmen: »Ja«, sagte Herr Rosenberg, »Ihr Enkel hat recht. Das ist mein Sterbehemd. Meine Frau hat es mir zur Hochzeit geschenkt. Jüdische Männer tragen ihr Sterbehemd immer am *seder* und am *jom kippur*. Aber kommt doch rein, damit wir anfangen können.«
Der Wohnzimmertisch war festlich gedeckt. In der Mitte stand der große Sederteller, von dem mir Ruth erzählt hatte. Ruth hatte sogar kleine Tischkarten geschrieben. Und so fand jeder rasch seinen Stuhl. Ein Platz am Ende des Tisches blieb unbesetzt. War noch jemand eingeladen? Aber da fiel mir ein: Ruth hatte vom »Platz des Propheten Elia« gesprochen. Für ihn werden immer ein Platz und ein Weinbecher freigehalten.
Herr Rosenberg setzte sich ans Kopfende des Tisches, nachdem wir alle unsere Plätze eingenommen hatten.
»Ich habe Sie als unsere guten Nachbarn und dich als den Freund unserer Ruth eingeladen, mit uns

die wichtigste Feier von *pessach,* den *seder,* zu feiern. Wir freuen uns, daß es noch Menschen gibt, die zu uns halten, die uns verstehen – kurz: die uns noch mögen.«

Frau Rosenberg nickte. »Nur der Ewige weiß, wie oft wir noch *pessach* feiern dürfen!«

Bevor sie die Kerzen auf dem Tisch anzündete, sprach sie einen Segensspruch auf Hebräisch. »Und auf Deutsch!« warf Ruth ein. »Damit ihr auch alles versteht!«

»Baruch atta adonai... Gespriesen seist du, Herr, unser Gott, König der Welt, der du uns durch deine Gebote geheiligt und uns geboten hast, die Kerzen für den Feiertag anzuzünden. Der du uns hast Leben und Erhaltung gegeben und hast diese Zeit erreichen lassen.«

»Damit danken wir dem Allmächtigen für alle Gebote und Vorschriften für *pessach«,* sagte Herr Rosenberg.

Ruths Mutter blickte prüfend über den ganzen Tisch. »Ich muß nachsehen, ob ich auch nichts auf dem Sederteller vergessen habe«, sagte sie. »Ganz oben rechts der Lammknochen, links das Ei, in der Mitte das Bittere, unten links der *charosset,* der Brei aus Äpfeln, Nüssen, Zimt, Rosinen, Wein, rechts die Petersilie oder Peterling, wie ihr sagt, und unten in der Mitte der Meerrettich, das Bitterkraut. Die drei *mazzot,* die Mazzen, liegen auch da. Tate, wir können anfangen!«

»Meine Frau hat schon die *mazzot* genannt. Das ist das erste Pessachgebot für uns: am Sederabend Mazzen zu essen. Das zweite Pessachgebot heißt, wir sollen unseren Kindern vom Auszug der Israeliten aus Ägypten erzählen. Wir sollen uns alle daran erinnern, wie gnädig der Höchste zu uns war, als er uns aus der Sklaverei befreite.
Damit wir auch keine Fehler machen, haben wir ein kleines Buch, aus dem wir nachher lesen werden, die *pessach-haggada*. Habe ich euch schon gesagt, daß heute abend alles nach einer ganz bestimmten Ordnung, einer *seder,* geht? Deshalb heißt der Abend auch Seder-Abend.
In der Tora steht: ›Und du sollst deinem Sohn an jenem Tag erzählen und sprechen: Das geschieht für das, was der Herr an mir getan hat, als ich aus *mizraim,* aus dem Ägyptenland, auszog.‹«
»Und wenn jemand wie ihr keinen Sohn hat?« fragte ich etwas vorwitzig. Ruth gab darauf die einleuchtende Antwort: »Dann erzählt man es seiner Tochter!«
»Und vier Becher Wein werden wir trinken. Einen für jedes der vier Versprechen, das uns der Herr für die Befreiung aus der Knechtschaft Ägyptens gegeben hat«, fuhr Herr Rosenberg fort. »Aber ich sollte auch noch erklären, was die verschiedenen Speisen auf dem Sederteller bedeuten. Der Lammknochen sagt uns, daß die Israeli-

ten damals ein Opferlamm gegessen haben. Sie haben es zusammen mit Bitterkraut und *mazzot* gegessen. Heute wird kein Lamm mehr geopfert. Deshalb genügt dieser Knochen. Das Ei ist ein Symbol für die Zerstörung des Tempels und der Trauer. Das Bitterkraut erinnert uns an die harte Sklavenarbeit in Ägypten. Die Petersilie ist das Zeichen für Freiheit und Erlösung. Der *charosset* bedeutet den Lehm, aus dem unsere Vorfahren die Ziegel herstellen mußten.«

Der Vater Ruths sprach nun den *kiddusch*, den Segen über die vier Becher Wein, über die *mazzot* und über die Festmahlzeit. Wir standen dabei auf, und jeder trank aus seinem Becher einen kräftigen Schluck.

Auf dem Tisch standen Glasschüsseln mit Wasser. Damit wuschen alle die Hände.

Ruth hatte die Aufgabe, uns jeden Segensspruch zu übersetzen. »Wenn mein Vater sagt: ›*Der du die Frucht der Erde geschaffen hast*‹, essen wir von der Petersilie. Die muß vorher in die Schüssel mit dem Salzwasser eingetaucht werden. Das Salzwasser sind die Tränen der Mütter.«

Ruths Vater sprach den Segen:

»*Baruch atta adonai elohenu melech ha'olam bore pri ha'adama* – *Gelobt seist du, Herr, unser Gott, König der Welt, der du die Frucht der Erde erschaffen hast.*«

Da mußte man ja höllisch aufpassen, um nichts falsch zu machen! Herr Rosenberg deckte die drei *mazzot* auf und brach sie auseinander. Die Hälfte davon verteilte er an uns. Dann hob er den Sederteller hoch und sagte:
»*Dies ist das Brot des Elends, das unsere Väter in Ägypten aßen. Wer hungrig ist, der komme und esse! Wer in Not ist, komme und begehe pessach mit uns!*«
Er wandte sich an mich und sagte: »Du bist heute der Jüngste unter uns. Du darfst jetzt die Frage stellen, damit ich mit der Erzählung beginnen kann.«
Ruth sagte mir die Frage in Hebräisch und Deutsch vor:
»*Ma nischtana ha'laila hase me kol ha'leilot? – Wie unterscheidet sich diese Nacht von allen anderen?*«
Langsam sprach ich die Worte nach. Ich glaubte, ich hatte keinen Fehler dabei gemacht, denn Frau Rosenberg und Ruth nickten mir zu, und Herr Rosenberg begann mit der Erzählung, wie die Israeliten aus Ägypten ausgezogen waren.
Es war eine recht lange Erzählung. Manches wußte ich ja schon aus dem Religionsunterricht und aus dem Kindergottesdienst. Aber so interessant erzählt wie heute abend hatte ich diese Geschichte noch nie gehört. Ruths Vater konnte phantastisch erzählen und vorlesen!
Ich hätte noch weiter zuhören können. Aber in-

zwischen begann mein Magen zu knurren, und ich freute mich schon auf die Festmahlzeit. Vorher gab es kleine Stückchen der *mazzot,* die mit dem Meerrettich bestrichen wurden. Das schmeckte fürchterlich scharf. Herr Rosenberg hatte zuvor den Brotsegen gesprochen:
»Baruch atta adonai elohenu melech ha'olam ascher kidschanu bemizwotaw weziwanu al achilat maror – Gelobt seist du, Herr, unser Gott, König der Welt, der du uns geheiligt durch deine Gebote und uns befohlen, die bitteren Kräuter zu essen.«
Ruth sprach wieder das Tischgebet. Das Festmahl konnte beginnen!
Es war wirklich ein Festmahl. Es gab Geflügelsuppe mit Mazzenklößchen, Rinderschmorbraten, *gfillte fisch,* Kartoffelauflauf und zum Abschluß einen warmen Kastanienpudding.
Zunächst wurde wieder ein Becher Wein getrunken. Großmutter wollte dem Einhalt gebieten. Ihr schwante nichts Gutes bei soviel Wein und so einem kleinen Burschen wie mir! Doch Frau Rosenberg konnte sie beruhigen:
»Für die Kinder gibt es heute abend nur Traubensaft!«
Ruth sprach auch nach dem Essen das Tischgebet.
Nach dem dritten Becher Wein sagte Ruths Mutter: »Wir wollen jetzt die Psalmen singen!«

Es wurden auch noch andere Lieder gesungen. Eines begann so:

»*Wer kennt eins? Ich kenne eins, einzig ist unser Gott im Himmel und auf Erden. – Wer kennt zwei? Ich kenne zwei, zwei die Bundestafeln, eins ist Gott im Himmel und auf Erden...*«

So ging es weiter bis dreizehn. Ruths Vater meinte, das sei zwar ein rechtes Kinderlied. »Aber wir singen es sehr gerne!« Mir gefiel es auch. Ebenso ein anderes, das vom Lämmchen:

»*Ein Lämmchen, ein Lämmchen! Es kaufte sich mein Vater, zwei Suse galt der Kauf – ein Lämmchen, ein Lämmchen. Da kam voll Tück' und Hader die Katz und fraß es auf, das Lämmchen, das Lämmchen...*«

Ich merkte, wie mir langsam die Augen zufielen. Es war schon spät. Der Sederabend ging dem Ende entgegen. Ruths Vater stand auf und sprach zum Abschluß:

»*Vollbracht ist nun der Pessach-Seder. Nach Vorschriften und Gesetzes-Ordnungen. Wie wir das Glück hatten, sie zu ordnen, so möchten wir das Glück haben, sie auszuführen. Höchster, der im Himmel thront, richte die Gemeinde auf, die unzählige, laß sie dir nahen, leite die Sprößlinge der Pflanzung als Erlöste nach Zion mit Jubelgesang. Das kommende Jahr im aufgebauten Jerusalem!*«

Wir verabschiedeten uns von den Rosenbergs und dankten für diesen wunderschönen Abend.

Ein Abend, wie ich ihn bei uns noch nie erlebt hatte. Wenn wir Ostern oder Weihnachten feierten, sangen wir an Weihnachten ein paar Weihnachtslieder, die mein Onkel auf dem Klavier begleitete. Dann folgte die Bescherung. An Ostern suchten wir die versteckten Ostereier. Das war's dann auch! Aber so einen richtigen Gottesdienst wie an diesem Sederabend hatten wir zu Hause nie.

Beim Einschlafen nahm ich mir noch vor, meine Mutter zu fragen, ob wir unsere Feste wie Weihnachten oder Ostern nicht auch so ähnlich feiern könnten.

21

Mit meinen Vorschlägen, in unserer Familie die Feste auch so zu feiern, wie wir es bei den Rosenbergs miterlebt hatten, stieß ich bei Mutter und Großmutter auf wenig Gegenliebe. Mein Onkel versuchte sogar mehrmals, mir einzureden, daß es gar keinen Gott gebe und daß Jesus nie gelebt habe. Ich konnte das aber nicht glauben. Seine Argumente waren recht schwach und konnten auch mich kleinen Jungen nicht überzeugen.

»Gib nur acht«, sagte mein Onkel eines Tages zu meiner Großmutter, »unser Kleiner wird mir lang-

sam zu fromm! Jetzt rennt er nicht nur in den Kindergottesdienst, sondern auch noch in die Synagoge. Ich darf das meinen Kameraden gar nicht erzählen. Da wäre ich gleich völlig unten durch.«
Doch Großmutter zeigte sich zugänglicher. »Laß ihn nur«, sagte sie zu meinem Onkel, »das legt sich auch wieder.« Sie vertrat die Ansicht, ein wenig Religion könne niemandem schaden. Deshalb ging sie auch an Weihnachten und an Karfreitag in die Kirche.
Die Freundschaft mit Ruth, die vielen Gespräche mit ihr und ihren Eltern ließen mich das alles zunehmend anders sehen. Vieles verstand ich noch nicht. Doch eines wurde mir damals und noch viel mehr in späteren Jahren deutlich: Die jüdische Familie Rosenberg war im Leben und Glauben nicht zweigeteilt, wie etwa ihre Küche. Der Glaube durchdrang ihr ganzes Leben, und das Leben war unabtrennbarer Bestandteil ihres Glaubens.

»Heute abend beginnen wir mit dem *omer*-Zählen«, sagte Ruth, als wir am zweiten Pessach-Tag wieder einmal das Zigarettenbilder-Album von vorn bis hinten anschauten. Sie bemerkte, daß ich sie nicht verstanden hatte.
»Ab heute abend zählen wir 49 Tage oder sieben volle Wochen. Dann feiern wir das Wochenfest.

Damit wir uns nicht verzählen, hat mein Tate 49 *omer*-Karten geschnitten, darauf die Zahlen geschrieben und auf jede Karte noch ein kleines Bild geklebt. Ich zeig sie dir nachher. An jedem Abend wird von heute an eine *omer*-Karte in ein Kästchen gelegt. Wenn dann alle Karten im Kästchen sind, ist *schawuot*.«

Das Wort *schawuot* mußte sie mir auch noch erklären: »Es heißt einfach ›Wochen‹. Früher war das in Israel auch ein Erntefest. Heute aber feiern wir, weil uns an diesem Tag der Ewige durch Mosche am Berg Sinai die zehn Gebote gegeben hat. Wir nennen das Fest deshalb auch *sman matan toratenu*.«

»Und was heißt das?« wollte ich wissen.

Geduldig beantwortete Ruth meine Frage:

»Es heißt ›*die Zeit unserer Gesetzgebung*‹. Du weißt doch: die zehn Gebote sind ein kleiner Teil der *Tora*. Und außer den zehn Geboten gibt es noch 603 andere Gebote und Verbote in der *Tora*. Das Wochenfest ist der Geburtstag der *Tora*.«

»Ihr feiert doch auch das Wochenfest, oder nicht?« fragte Ruth noch.

Das war mir aber wirklich neu. Auch wir sollten das Wochenfest, das *schawuot,* ein jüdisches Fest feiern? Ruth ließ nicht locker: »Mein Tate hat einmal gesagt, daß euer Pfingstfest am selben Tag wie das Wochenfest gefeiert wird.«

Ach so, das Pfingstfest. Was hat das aber mit dem jüdischen Wochenfest zu tun? Das war wieder eine Frage, die ich unserem Pfarrer stellen mußte. Am nächsten Sonntag erklärte er mir nach dem Kindergottesdienst, daß sich am jüdischen Wochenfest bei den ersten Christen das Wunder der Ausgießung des Heiligen Geistes ereignet habe. Ganz verstanden hatte ich aber nicht, was er damit meinte.

Ruth holte aus dem Wohnzimmer die *omer*-Karten und das *omer*-Kästchen, um sie mir zu zeigen. »Und wenn ihr dann bei eurem Zählen am fünfzigsten Tag angekommen seid, was macht ihr dann am Wochenfest?« Jetzt wollte ich es ganz genau wissen.

Ruth überlegte nicht lange: »Dann schmücken wir unsere Wohnungen und die Synagoge mit vielen Blumen und Pflanzen. Am Vorabend des Wochenfestes gehen wir in die Synagoge. Dort sprechen wir das Heiligungsgebet, den *kiddusch*. Das Wochenfest dauert zwei Tage. Wir dürfen nicht arbeiten und essen nur milchige Speisen. Wir sollen auch in der Tora lesen und sie studieren.«

So viele Fragen und so viele Antworten! Mir schwirrte manches im Kopf herum: In der Schule hatte vor ein paar Tagen unser Klassenlehrer aus dem Kinderbuch »Der Giftpilz« vorgelesen. Und dann hatte er mit einem Apparat, in den er das

Buch legte, Bilder daraus gezeigt. Ganz groß erschienen sie an der weißen Wand. Und das waren wieder die Bilder des »Stürmerjuden«, wie ihn mir mein Urgroßvater einige Male gezeigt hatte. »Kein guter Deutscher wird sich mit solchem Bizzich abgeben!« sagte unser Lehrer zum Abschluß.

Schon wieder das häßliche Wort »Bizzich«, mit dem die Mutter Edgars aus unserer Nachbarschaft die Rosenbergs und alle Juden bezeichnet hatte. Das tat weh. Kannte unser Lehrer eigentlich jüdische Menschen? Hatte er mit ihnen gesprochen, mit ihnen gefeiert wie ich? Ganz bestimmt nicht. Und er kannte auch sicher nicht meine Freundin Ruth. Sonst würde er so etwas nicht sagen.

Was sollte ich tun? Großmutter hatte mir eingeschärft, den Mund zu halten: »Du schadest nur der Ruth und ihren Eltern. Hör einfach nicht hin, wenn schlecht von den Juden gesprochen wird!«

Kann man das so einfach – weghören und wegsehen? Ruth hatte es inzwischen gelernt und erst vor einigen Tagen zu mir gesagt: »Da schalte ich eben auf Durchzug!«

Vielleicht ist es gut, daß Kinder ganz in der Gegenwart leben. Was einmal in der Zukunft sein wird, das liegt in so weiter Ferne. Kinder können nicht weit in die Zukunft sehen, aber auch nicht weit in die Vergangenheit zurückblicken. Das hat mir und Ruth so viele schöne gemeinsame Tage beschert. Hätten wir in der *omer*-Zeit, wie Ruth die Zeit zwischen *pessach* und *schawuot* nannte, schon gewußt, was zur Zeit der Hohen Feiertage, im Herbst, Ruth und ihre Eltern erleben mußten, wir hätten die Zeit unserer Freundschaft nicht so unbeschwert durchlebt.

Wieder gingen Tage und Wochen ins Land. Ruth und ich schmiedeten Pläne, wie wir gemeinsam an *schawuot* die Wohnung mit Blumen ausschmücken werden. Und wie wir miteinander Pfingsten und das Wochenfest feiern.
Frau Rosenberg hatte meiner Mutter anvertraut, daß ihr Mann es von Tag zu Tag schwerer habe, als Textilvertreter zu neuen Abschlüssen zu kommen. Manche Kunden, die ihn seit Jahren kannten und als tüchtigen und ehrlichen Geschäftsmann schätzten, ließen sich verleugnen oder hatten fadenscheinige Gründe dafür, daß sie keine Geschäfte mehr mit ihm abschlossen. Noch hatten nur wenige zu erkennen gegeben, daß sie mit Herrn Rosenberg nichts mehr zu tun haben wollten, weil er Jude sei.
»Wissen Sie niemand«, fragte Frau Rosenberg eines Tages meine Mutter, »der mir mein gutes Silberbesteck abkaufen könnte? Mein Mann ver-

dient nur noch wenig. Und das reicht uns kaum noch zum Leben.«

Meine Mutter wußte nicht, was sie sagen sollte. So weit war es also schon mit der Judenfeindschaft in Deutschland gekommen! »Ich habe noch etwas auf dem Sparbuch«, überlegte meine Mutter laut. »Das habe ich vorgesehen für das Schulgeld, wenn mein Sohn auf die Oberschule geht. Aber bis dahin sind es ja noch gut zwei Jahre. Und Silberbesteck habe ich ohnehin nicht. Vielleicht könnte ich Ihnen das Besteck abkaufen?«

Am Abend erzählte Mutter, daß Frau Rosenberg vor Freude geweint hatte. Ruth kam nochmals zu uns in die Wohnung, um sich zu bedanken. Mutter hatte Frau Rosenberg mehr Geld angeboten, als sie verlangte. Ruth trug den großen, schwarzen Besteckkoffer bei sich. Ich konnte es nicht beurteilen, aber Mutter meinte, so schönes Silber habe sie noch nie gesehen.

22

Alle *omer*-Karten lagen bereits im Kästchen. Morgen war also *schawuot*. Ruth und ich hatten eine Menge Blumen geholt. Zwei Körbe voll hatten wir auf der Wiese hinter der Schule gepflückt.

Und der Schütz hatte uns nicht erwischt! Mit den Blumen wollten wir die Wohnung der Rosenbergs ausschmücken. Ruth zeigte mir, wie man Blumengirlanden bindet. Das war gar nicht so einfach! Ruth hatte geschickte Hände. Ihre Girlanden sahen viel schöner aus als meine. Doch mit der Zeit konnten sich auch meine Girlanden sehen lassen. Da würde Ruths Vater staunen. Heute abend wollte er von seiner Reise zurückkommen. Überall hatten wir Blumengirlanden aufgehängt: im Flur, in den Zimmern, sogar in der Küche. Sicher würde sich auch Frau Rosenberg darüber freuen. Sie war heute nachmittag in der Synagoge, um dort beim Richten des Blumenschmuckes mitzuhelfen.
»Die Frauen«, sagte Ruth, »haben in der Synagoge eigentlich keine *mizwot* zu erfüllen. Aber meine Mutter und andere Frauen schmücken die Synagoge gerne aus. Die Männer können das ja nicht so gut.«
Was *mizwot* sind, wollte ich wissen. »Das sind Pflichten wie: den Vorhang des Toraschreins aufziehen, die Torarolle herausheben und noch vieles mehr«, erklärte mir Ruth.
Wir waren fertig. Schön sah die Wohnung jetzt aus mit den Blumensträußen und den Girlanden. Frau Rosenberg würde sicher auch bald heimkommen.

Es war schon spät am Nachmittag. Doch die Sonne schien noch strahlend vom Himmel. Jetzt im Juni war es viel länger hell. Wir wollten noch ein wenig im Hof mit den »Märwelen« spielen. Mir kam es vor, als ob unser Kastanienbaum in diesem Jahr besonders viele Blätter und rote Blüten trägt.

Inzwischen war Ruths Mutter zurückgekehrt. Ruth ging nach oben, um ihr zu helfen, bis ihr Vater kommt. Und ich mußte noch ein paar Rechenaufgaben erledigen.

Ich wollte ja mit Ruth am nächsten Tag *schawuot* feiern. Doch meine Mutter bestand darauf, daß ich meinen Onkel zu einem Waldfest seines Sportvereins begleite. Sie wollte, wie sie mir erklärte, daß ich unter Menschen komme und mit anderen Kindern als nur mit Ruth spiele.

»Beim Waldfest werden viele Kinder der Vereinsmitglieder da sein. Und es gibt dort beim Vereinsheim Schaukeln und eine Rutsche und noch andere Spielgeräte. Du wirst dich sicher gut unterhalten.«

Sie meinte es gut mit mir. Ich wollte mich aber gar nicht gut unterhalten, wenn das bedeutete, ohne Ruth spielen zu müssen.

Mein Onkel hatte mir zu Ostern ein gebrauchtes Fahrrad geschenkt, damit ich ihn auf seinen Radtouren begleiten konnte. Er hatte mir auch das

Radfahren beigebracht. Ich konnte es schon recht gut. So ganz sicher fühlte ich mich aber auf dem Fahrrad noch nicht. Ruth hatte kein Fahrrad und konnte auch nicht radfahren. Das dämpfte meine Freude über das Geschenk beträchtlich.

Die Radfahrt zum Waldfest gefiel mir dann doch noch recht gut. Wir mußten fast eine Dreiviertelstunde fahren, bis wir bei dem Vereinsgelände ankamen. Dort herrschte Hochbetrieb: Überall standen Tische und Bänke, die fast voll besetzt waren. Und Kinder hatte es! Ein Lachen und Schreien! Mit den Schaukeln und Rutschen hatte ich allerdings kein Glück. Sie waren alle besetzt, und ich mußte ewig warten, bis ich einmal drankam. Ich stellte mir vor, wie schön es wäre, wenn auch Ruth dabeisein könnte.

Nach dem Mittagessen führten Vereinsmitglieder verschiedene Turnübungen vor. Die Ringermannschaft zeigte ein paar Schaukämpfe. Auch der Freund meines Onkels machte mit. Kinder liefen auf der Aschenbahn um die Wette. Das Schönste aber war, als wir Luftballons erhielten und sie dann steigen lassen durften. Wir hatten Karten mit unseren Namen an den Schnüren befestigt. Wessen Luftballon am weitesten flog, der erhielt einen Preis. Der Spielleiter sagte, wir könnten auch noch einen Gruß auf die Karte schreiben.

Ich schrieb auf die Karte: »Viele Grüße an meine

Freundin Ruth!« Vielleicht fliegt mein Luftballon bis in unseren Hof? Und Ruth findet ihn dort?
Mein Luftballon flog aber nicht sehr weit. Er erreichte unseren Hof nicht, und einen Preis bekam ich auch nicht. Es waren aber noch ein paar Luftballons übrig. Einen davon durfte ich mitnehmen. Ich wollte ihn Ruth schenken.

23

Die Sommerferien waren vorbei. Meine Mutter und ich hatten bei Tante Hilde in Plauen ein paar schöne Wochen erlebt. Meinen kleinen Stoffhund »Waudele« hatte ich mitgenommen. Aber Ruth hatte mir doch sehr gefehlt.
Jetzt hatten wir einander viel zu erzählen. Ruth berichtete voller Stolz, daß aus ihrer Schule einige Jungen mit ihrem Sportlehrer als Fußballmannschaft zu einem Sportfest der jüdischen Schulen nach Stuttgart gefahren waren und sogar ein paar Spiele gewonnen hatten.
Der September neigte sich seinem Ende zu. Das neue Schuljahr hatte begonnen. Ich hatte neue Lehrer bekommen, auch Ruth hatte eine neue Klassenlehrerin. In ihrer Schule waren jetzt viel weniger Schülerinnen und Schüler. Viele seien mit ihren Eltern ausgewandert, meinte Ruth.

Beim Bäcker traf ich wieder einmal auf Herrn Barth, den »Goldfasan«. Er flüsterte der Bäckersfrau zu: »Unser Kleiner hier wird bald nicht mehr mit seinem Juddebankert spielen können. Wir werden schon dafür sorgen!«
Ich hatte es deutlich gehört. Doch ich tat so, als hätte ich nichts verstanden. Warum nur hackte man so auf Ruth herum? Sie hatte doch nichts verbrochen. Und ihre Eltern auch nicht.
Im September war das Kaufhaus »Knopf« zum Kaufhaus »Hölscher« geworden.
»Meine Mutter hat recht gehabt«, sagte Ruth. Und meine Großmutter meinte: »Jetzt hat das Kaufhaus Knopf auch arische Besitzer!«
Das verstand ich zwar nicht. Doch es hörte sich irgendwie bedrohlich an. Immer häufiger erzählte meine Großmutter, daß jüdische Ladenbesitzer ihre Geschäfte verkaufen mußten.

Ruth und ich spielten miteinander, so oft es ging. Die langen Sommerferien hatten mich fast vergessen lassen, wie schön es war, eine Spielgefährtin wie Ruth zu haben. Wir spielten fast nur noch in unserem Hof und in der Wohnung. Aufs Plätzle durfte Ruth nicht, und auf den Spielplatz bei der Schule gingen wir auch nicht mehr.
Eine Nachbarsfrau war mit ihren beiden kleinen Kindern auf den Spielplatz gekommen. Sie er-

kannte meine Großmutter gleich. Aber auch Ruth.

»Sie sollten sich schämen«, fuhr sie meine Großmutter an, »Ihren Enkel mit einem Judenmädchen spielen zu lassen!«

Wenigstens hatte sie nicht »Juddebankert« gesagt! Großmutter war etwas verlegen. Was sollte sie nur sagen? Aber ihre Schlagfertigkeit hatte sie noch nicht ganz verlassen.

»Vielleicht kümmern Sie sich um Ihre eigenen Kinder! Gerade eben hat Ihr Söhnchen in den Sandelkasten gepinkelt! Und wir gehen jetzt. Mit solchen Leuten wie Sie kann man es ja nicht aushalten.«

Unsere Nachbarsfrau war sprachlos. Ich war richtig stolz auf meine Großmutter. Aber Ruth weinte. Und unter Tränen sagte sie: »Wir gehen nie mehr hierher!«

Das war das Ende unserer Ausflüge auf den Spielplatz.

Herr Rosenberg war seit ein paar Wochen fast jeden Tag zu Hause. »Er bekommt keine Aufträge mehr«, erklärte mir Ruth. »Aber er hat Arbeit beim Wohlfahrtsbund bekommen. So kann er noch etwas verdienen.«

Eines Nachmittags saßen wir in Rosenbergs Wohnzimmer. Frau Rosenberg erzählte uns, wie sie und ihr Mann vor vielen Jahren aus Polen gekommen waren. Ihre Großeltern waren einst dorthin ausgewandert. Nach dem Weltkrieg aber war die polnische Bevölkerung so judenfeindlich, daß sie und viele andere in Polen lebende Juden sich entschlossen, nach Deutschland, dem Land ihrer Großeltern und Urgroßeltern, zurückzukehren. Viele polnische Juden hofften auch, in Deutschland besser leben und verdienen zu können.

»Mein Mann hat gestern in der Gemeinde gehört«, fuhr Ruths Mutter fort, »daß wir vielleicht wieder nach Polen zurück müssen. Aber niemand weiß etwas Genaues. Wir wollen unser Schicksal in die Hände des Ewigen legen.«

Mich durchfuhr ein Schrecken. Wieder nach Polen zurück? Da mußte ja auch Ruth mit. Doch inzwischen hatte ich viel Vertrauen in Gottes Macht gewonnen. Unser Pfarrer hatte im letzten Kindergottesdienst gesagt, daß Gott seine Hand über uns alle hält und uns beschützt. Hoffentlich auch Ruth! Und zum erstenmal betete ich am Abend und hoffte, daß mich Gott hören wird: »Lieber Gott, laß Ruth und ihre Eltern nicht fortgehen. Beschütze sie!«

24

Seit einigen Tagen begleitete mich meine Großmutter zur Schule und holte mich auch wieder ab. Sie wollte verhindern, daß ich noch einmal so jämmerlich verprügelt werde wie in der vergangenen Woche. Fünf Schüler der siebten und achten Klasse hatten mich vor der Schule abgepaßt, mich eine »Judensau« genannt, und jeder versetzte mir ein paar Hiebe. Aus Mund und Nase blutend wankte ich in das Schulhaus. Hatte ich jetzt etwas verbrochen? Durften die Jungen mich »Judensau« nennen, weil Ruth meine Freundin war? Und durften sie mich dafür auch noch verprügeln? Ich wollte seit diesem Tag nicht mehr in die Schule gehen. Großmutter aber, die alte, resolute Frau, entschied: »Nein, du gehst. Das wollen wir mal sehen, ob diese Kerle es nochmal versuchen, dich zu beschimpfen und zu verprügeln! Jetzt gehe ich mit dir!«

Auf dem Schulweg geschah nichts mehr. Meine Großmutter konnte aber nicht mit in die Schule hinein. Jede kleine Pause und vor allem die große Hofpause war schlimm! Ich kam jeden Tag mit ein paar blauen Flecken heim. Aber Ruth erzählte ich nichts!

Ein paarmal lud meine Großmutter die Rosenbergs zum Essen ein. »Wir wollen ihnen ein wenig helfen, über die schlechte Zeit hinwegzukommen«, meinte sie. »Wir haben auch nicht viel Geld, sind aber jedenfalls besser dran.« Das stimmte! Meine Mutter und mein Onkel hatten Arbeit und verdienten. Und vor acht Tagen hatte uns ein Bruder meiner Großmutter besucht. Er war Bahnhofsvorsteher und steckte meiner Großmutter bei jedem Besuch einen Geldschein zu. Dieses Mal hatte meine Großmutter den Fünfzigmarkschein Frau Rosenberg weitergegeben.

»Durch Geben wird man nicht arm!« Das war ihr ganzer Kommentar dazu.

Ruth stellte nach dem Besuch meines Großonkels ganz betrübt fest: »Ihr habt so viele Verwandte! Du hast einen Onkel und eine Tante, Großtanten und Großonkels, sogar einen Urgroßvater. Wir haben hier überhaupt keine Verwandten.« Manchmal hatte ich mir schon gewünscht, auch weniger Tanten und Onkels zu haben. Die redeten immer auf einen ein. Sie wußten alles besser und sagten meiner Mutter und meiner Großmutter, was alles sie mit mir machen sollten.

»Du hast dafür doch uns«, versuchte ich Ruth zu trösten. Ob das ein echter Trost war, habe ich jedoch nie herausbekommen. Ruth nickte nur. Sie war an manchen Tagen recht schweigsam. Und ich merkte, daß sie niedergedrückt und traurig war. Meine Versuche, sie aufzuheitern, waren nicht immer erfolgreich. Nur ein kleines Gedicht, das ich für sie aufgeschrieben hatte, ließ sie etwas froher werden.

Seit ein paar Wochen versuchte ich nämlich zu »dichten«. Mein allererstes Gedicht, das sich sogar reimte, war ein Gedicht auf das Fahrrad, das mir mein Onkel geschenkt hatte. Er hatte mich dafür sehr gelobt, wenn er auch meine Rechtschreibung nicht gerade gutheißen konnte.

Großmutter war meinen »Dichtversuchen« gegenüber ein wenig skeptischer eingestellt. Vor dem Einschlafen hörte ich sie noch zu meiner Mutter sagen: »Ich glaube, unser Kleiner ist ganz normal. Und das mit dem Dichten und mit seiner Frömmigkeit wird sich noch legen. Wart's nur ab. Bald denkt er gar nicht mehr daran.«

Aber ich mußte ständig an Ruth denken, wenn ich in der Schule war. Die anderen Buben ließen nichts unversucht, mich täglich an meine »Judenfreundin« zu erinnern. Wenn ich nur wüßte, von wem sie das alles erfahren hatten! Ändern konnte ich daran nichts. Ich wollte auch gar nichts ändern.

Doch die schrecklichen Ereignisse, die bald über uns hereinbrachen, änderten sehr viel.

Es war Ende Oktober. Die *Hohen Feiertage* waren vorüber. Seit Rosenbergs bei uns wohnten, waren die Feste *rosch ha'schana,* das Neujahrsfest, *sukkot,* das Laubhüttenfest, *jom kippur,* der Versöhnungstag, schon zweimal gefeiert worden. Wie oft würde ich mit Ruth und ihren Eltern diese Feste noch feiern dürfen? Wie oft mit Ruth in den Kindergottesdienst gehen, Weihnachten feiern?

Das erste schreckliche Geschehen ereignete sich am Morgen des 28. Oktober. Als kleiner Junge war ich mit dem Kalender noch nicht so sehr vertraut. Erst viel später wußte ich, daß es am 28. Oktober geschah, als in aller Frühe an unser Haustor gedonnert wurde. Harte, laute Schritte auf der Treppe waren zu hören, als die Untermieterin meines Urgroßvaters das Haustor aufgeschlossen und zwei Männer hereingelassen hatte. Die klopften mit aller Gewalt an unsere Wohnungstür und riefen mehrere Male: »Aufmachen, Polizei!«

Meine Mutter stand auf und öffnete die Glastür. Ich war inzwischen auch hellwach und hörte, wie die Männer fragten: »Sind Sie Frau Rosenberg?« Meine Mutter verneinte und zeigte auf die Wohnungstür im Flur gegenüber. »Die Rosenbergs wohnen in der Wohnung dort!« Wieder wurde hart an die Tür geklopft. Dieses Mal bei den Rosenbergs. Stimmengewirr. Ich konnte nichts mehr verstehen. Ich hörte nur, wie Frau Rosenberg laut aufschluchzte, wie Herr Rosenberg sie offenbar zu trösten versuchte. Dann Türenklappen. Polternde Schritte die Treppe hinunter. Das Haustor wurde heftig zugeschlagen. Dann Stille. Ich meinte, draußen auf der Straße einen Automotor zu hören. Richtig: Ein Auto wurde angelassen, es fuhr mit kreischenden Reifen um die Ecke.

Am nächsten Morgen erfuhren wir von Frau Rosenberg, daß ihr Mann verhaftet worden war. Er sollte, weil er noch polnischer Staatsangehöriger war, nach Polen abgeschoben werden. Was mochte das nur bedeuten? Frau Rosenberg war nicht zu trösten. »Ich werde meinen Mann nie mehr sehen«, sagte sie unter Tränen. Und auch Ruth hatte ganz verweinte Augen. So hatte ich die beiden noch nie weinen sehen.

»Meinen Tate haben sie mitgenommen. Er hat sich noch nicht einmal richtig anziehen dürfen.«

Was konnte ich Ruth nur sagen? Zum Spielen hatten wir beide keine Lust. Das war alles so furchtbar traurig, daß auch ich schließlich in Tränen ausbrach. Und ich wußte gar nicht, warum ich eigentlich so losheulen mußte.

Erst viel später, nein, nach wenigen Tagen schon wußte ich es: Eine Welt brach für mich zusammen. Und es war so schlimm, weil ich vieles von dem, was da geschah, noch nicht begreifen konnte.

25

Der Tag vor der schrecklichen Pogromnacht: der 9. November 1938 – dieser Tag, die Nacht und die darauf folgenden Tage brachen in meine kindliche Welt ein und stürzten mich in die größte Verwirrung meiner Kindertage.
Die »Reichskristallnacht«, wie sie noch von den Nazis verharmlosend genannt wurde, kündigte sich am Vorabend an.
Es war draußen schon dunkel. Ein SA-Mann aus unserer Nachbarschaft klopfte bei meinem Urgroßvater ans Fenster. Mein Urgroßvater öffnete das Fenster und erkannte den Nachbarn, der in voller Uniform vor ihm stand.
»Sie haben einen verdammt jüdisch klingenden Namen«, flüsterte er. »Seien Sie heute nacht vorsichtig! Ich darf nicht mehr sagen. Sie waren aber immer ein guter Nachbar. Deshalb möchte ich Sie warnen. Schließen Sie, wenn ich weg bin, alle Fensterläden. Es ist gut, wenn Sie auch Ihr schweres Haustor fest verschließen. Und lassen Sie um Gottes willen alle« – dieses Wort betonte er besonders –, »alle Läden und das Haustor die ganze Nacht fest verschlossen.«
Mein Urgroßvater befolgte den wohlgemeinten Rat. Er kannte den Nachbarn und wußte, daß der ihn nicht anlog.

Ruth und ihre Mutter kamen am Abend noch für kurze Zeit zu uns herüber. In dieser Nacht konnten wir alle nicht schlafen. Wir hörten die Sirenen der Feuerwehrautos, Klirren von Glas, Brüllen, laute Kommandoschreie. Sie gingen mir bis heute nicht aus dem Ohr.

Am nächsten Tag hatten wir nur zwei Stunden Unterricht. Unser Klassenlehrer sagte uns, bevor wir entlassen wurden: »Heute nacht ging es den Juden an den Kragen! Seid froh, daß ihr keine Juden seid! Wir müssen die Juden loswerden.«

Nach der Schule, Ruth war daheimgeblieben, lief ich voller Neugier und voller Angst durch unsere Straße. Für einen kleinen Jungen gab es da mehr als genug zu sehen. In unserer Straße waren etliche Geschäfte, die Juden gehörten. Alle Schaufensterscheiben waren eingeschlagen. Ich sah, wie ein paar ältere Jungen Waren aus den Schaufenstern an sich rafften und wegschleppten. Glasscherben bedeckten den Gehsteig. Überall standen SA-Männer herum. Ich verstand nicht, was da geschehen war.

Nach wenigen Minuten kam ich bei der Synagoge an. Vor der Synagoge drängte sich eine große Menschenmenge. SA-Männer trugen Torarollen und Bücher heraus und warfen alles auf einen Haufen. Einer der SA-Männer trampelte auf einer Torarolle herum und spuckte noch darauf.

Und vor wenigen Wochen noch hatten mir Ruth und ihr Vater erklärt, wie heilig die Torarolle ist! So heilig, daß man sie nicht einmal mit den Fingern berühren darf. Ein SA-Mann trug einen noch schwelenden Polstersessel heraus und warf ihn zu Boden. Ich kannte den Sessel. Auf dem hatte immer der Rabbiner gesessen. Aus den Fenstern der Synagoge flatterten Rauchfetzen. Aber von außen war nichts zu sehen.

Tage später hörte ich meinen Urgroßvater sagen, daß die SA der Feuerwehr erlaubt habe, die brennende Synagoge zu löschen. Hinter der Synagoge befand sich ein großes Benzinlager. »Wenn die Flammen übergegriffen hätten, wäre das ganze Stadtviertel in die Luft geflogen!« sagte mein Urgroßvater. Merkwürdig: Dieses Mal sprach mein Urgroßvater nicht vom Führer!

Was nur war mit der Synagoge geschehen? In der Menschenmenge fielen Worte wie: »Das war doch Brandstiftung!« – »Sie haben die Synagoge angezündet!«

Bald war bei der Synagoge nicht mehr viel zu sehen. Die Menschen gingen langsam auseinander.

Ich hörte, wie ein paar Jungen riefen: »Auf dem Adolf-Hitler-Platz ist was los! Da müßt ihr schnell hin!«

Und schon war ich mitten drin im Strom der

Menge, die sich zum Adolf-Hitler-Platz wälzte. Dort erst war ein Gedränge! Mensch stand an Mensch. Da kam ein kleiner Junge wie ich kaum durch. Über allen lag eine spürbare Spannung, die sich auch mir und den anderen Buben aufdrängte. Ich riß meine Augen auf. Aber ich wußte nicht, was da geschah oder noch geschehen wird. Für mich war alles schrecklich aufregend, zugleich aber auch bestürzend und bedrängend.

Von anderen wurde ich bis vor die Stadtkirche geschoben. Ein Johlen, wie ich es bisher noch nie gehört hatte, kündigte etwas an, das ich jedoch wegen der vielen Leute um mich herum nicht sehen konnte. Mit ein paar anderen Jungen kletterte ich auf den Brunnen vor dem Rathaus.

Und da sah ich, wie mehrere Lastwagen, auf denen dicht gedrängt Männer standen, bis an den Adolf-Hitler-Platz heranfuhren. Die Männer, alles Juden, wie ich später hörte, wurden von den Lastwagen gestoßen. Sie wurden durch die johlende, kreischende Menschenmenge bis zum Polizeipräsidium am anderen Ende des Platzes getrieben. Einige der Juden hatten noch ihre Schlafanzüge an.

Was Spießrutenlaufen ist, wußte ich noch nicht. Ich sollte es aber in diesen Augenblicken von erwachsenen Menschen, von einfachen und vornehmen, Männern und hysterisch kreischenden Frauen, Herren und Damen, demonstriert bekommen.

Mit Taschen, Stöcken und Schirmen schlugen sie auf die jüdischen Männer ein, die an ihnen vorbeigetrieben wurden. Sie bespuckten und beschimpften sie. Ein Bild werde ich nie mehr vergessen: Dicht an mir vorbei ging ein großgewachsener, alter Herr mit Glatze und einem langen, grauen Vollbart. Mit stolzer und zugleich verachtender Haltung schritt er aufrecht durch die prügelnde Menge, obwohl ihm aus unzähligen Platzwunden das Blut über das Gesicht lief.

Viele der Männer, die an mir vorübergetrieben wurden, hatte ich schon oft in der Synagoge gesehen. Von manchen kannte ich sogar die Namen. Die meisten bluteten, wankten durch die Menge und wurden immer wieder angetrieben und geschlagen.

Wie war ich nur nach Hause gekommen? Ich weiß es nicht mehr. Zuviel stürmte auf mich ein. Grausame Bilder vermischten sich mit dem Johlen und Kreischen der Menschenmenge und dem stechenden Brandgeruch.

Zu Hause traf ich Ruth und ihre Mutter auf dem Flur. Beide weinten. Sie hatten gehört, was sich in der Stadt abgespielt hatte.

Unter heftigem Weinen sagte Frau Rosenberg:

»Jetzt ist wohl alles aus. Wir hätten das nie gedacht, daß wir so etwas erleben müssen. Wären wir nur nie nach Deutschland gekommen!«
Ruth und ich wußten nicht, was wir tun sollten. Spielen? Keiner von uns konnte das jetzt noch. So betrachteten wir miteinander Ruths Zigarettenbilderalbum. Ich wußte nicht, daß es das letzte Mal war.

26

Lange Tage voller Trauer und Weinen und Hoffnungslosigkeit folgten. Ruth und ihre Mutter sah ich nur noch weinen. Ihre Augen waren verquollen. Am Freitagabend war kein Herr Rosenberg da, uns in die Synagoge mitzunehmen.
Ruths Zigarettenbilderalbum hatte schon lange keine neuen Bilder bekommen. Die Blätter unserer Kastanie waren braun geworden. Nur wenige Male noch spielten wir mit den Murmeln im Hof. Beim letzten Mal blieb Ruth vor dem Kaninchenstall stehen. Tränen liefen ihr übers Gesicht. Zu mir sagte sie ganz leise: »Siehst du, die Kaninchen haben damals auch gar nichts verbrochen gehabt, und doch hast du sie geschlagen und verletzt. Jetzt machen sie das mit den Menschen.« Sicher meinte sie mit dem »sie« die SA-Männer.

Der November neigte sich dem Ende zu. Die letzten Kastanienblätter lösten sich von den Zweigen und segelten auf den Boden. Urgroßvater hatte zum ersten Mal darauf verzichtet, eine Führer-Rede anzuhören. Mein Onkel hatte uns am Wochenende besucht. Er war recht schweigsam. Und seine SA-Uniform hatte er auch nicht angezogen.
»Ich lasse Ruth nicht mehr in die Schule gehen«, sagte eines Tages Frau Rosenberg zu meiner Großmutter. »Wer weiß, was ihr unterwegs passiert!« Mir wäre es auch lieber, daheim bleiben zu dürfen. Aber ich wußte: Daraus wird wohl nichts werden!
Beim Bäcker nebenan traf ich beim Einkaufen immer mal wieder auf den »Goldfasan«. Wenn er mich sah, lachte er ganz unvermittelt los. Und einmal sagte er höhnisch: »Na, was macht dein Juddemädel? Hoffentlich weißt du bald, wie sich ein deutscher Junge zu verhalten hat!«
Wie hatte ich mich zu verhalten? Großmutter sagte, daß wir jetzt erst recht zu den Rosenbergs halten müssen.
In diesem »Jetzt-erst-recht« wurde sie noch bestärkt: Empört kam sie eines Tages nach Hause. Sie war zum Metzger Nußbaum gegangen, um dort für sich und Frau Rosenberg einzukaufen. Vor dem Metzgerladen standen zwei SA-Männer und wollten sie nicht hineinlassen. Bis einer der

beiden sagte: »Komm, laß das kleine Juddeweib rein.« Das war zuviel für meine Großmutter. Sie erzählte daheim, sie habe fürchterliche Schimpfwörter auf der Zunge gehabt. Doch sagen wollte sie nichts. »Es hat doch keinen Wert«, meinte sie und brachte die eingekaufte Wurst und das Fleisch zu Rosenbergs hinüber.

Und dann war es soweit. Draußen war es schon dunkel. Bald war Zeit zum Abendessen. Da hörten wir wieder auf der Holztreppe diese polternden Schritte. Ich schaute durch den Briefschlitz in unserer Glastür und sah zwei Männer in Ledermänteln. Sie läuteten bei Rosenbergs. Waren das dieselben, die schon einmal da waren und Ruths Vater mitgenommen hatten? Frau Rosenberg öffnete die Tür. Die beiden Männer drängten sich in die Wohnung und schlugen mit einem Knall die Glastür zu. Ich konnte nichts mehr sehen und auch nichts mehr hören.

Doch jetzt: Die Glastür ging auf. Einer der Männer hatte Frau Rosenberg am Arm gepackt. Ruth hielt ihr Zigarettenbilderalbum an sich gepreßt und kam zu uns herüber. Bevor sie läutete, öffnete ich die Tür. Ruth sagte nur: »Wir müssen jetzt auch gehen!« und drückte mir ihr Album in die Arme. »Das ist mein Abschiedsgeschenk an dich«, stammelte sie unter Tränen. »Ich brauche es jetzt nicht mehr.«

Auch mir liefen Tränen über das Gesicht. Ich werde bestimmt gleich laut losheulen müssen, dachte ich noch. Frau Rosenberg tröstete mich und sagte unter Tränen: »Vergiß uns nie.« Dieser kleine Satz begleitet mich nun schon seit vielen Jahrzehnten.

Es war mein erster Abschied und der größte Schmerz in meinem ganzen bisherigen Leben. Als mich Ruths Mutter in den Arm nehmen wollte, riß sie der Mann – mein Onkel sagte mir später, das seien sicher Beamte der Gestapo gewesen – von mir weg und stieß sie die Treppe hinunter. Beinahe wäre sie gestürzt. Auch Ruth wurde am Arm gepackt, und in kurzen Augenblicken war alles vorbei. Polternde Schritte, das Haustor wurde krachend zugeschlagen, ein Motor heulte auf, und wieder fuhr das Auto mit kreischenden Reifen um die Ecke. Dieses Mal mit Ruth und ihrer Mutter.

Ich habe Ruth nie wieder gesehen. Das Zigarettenalbum, das ich wie ein Heiligtum gehütet habe, ging im Krieg verloren. Nach vierzig Jahren erst bekam ich heraus, daß Ruth und ihre Eltern im KZ Auschwitz vergast worden waren. Ihre Spuren konnten bis zur Gaskammer verfolgt werden.

Epilog

»Schabbat schalom« wünschen wir uns gegenseitig. Der Freitagabendgottesdienst ist beendet. Meine Gedanken kehren langsam zurück. Doch ich muß noch ein paar Augenblicke verweilen.

Kaum mehr als ein Jahr war unserer Freundschaft vergönnt. Sie durfte nicht reifen. Und ich mußte lernen, einen Abschied für immer zu ertragen. Es gab ja keine Wiederkehr. Ruth, meine Freundin aus Kindertagen, und ich wurden um die Gemeinsamkeit betrogen. Wenn ich an Ruth denke, ist immer November für mich.

Wer sagt dir, Ruth, noch kaddisch? Wer gedenkt noch deiner? Deine Spuren sind verweht – wie die Blätter unserer Kastanie. Auch sie gibt es nicht mehr.

Wo bist du? Es gibt keinen Grabplatz für dich. Nur ein Grab in den Wolken verblieb denen, die in Rauch aufgingen.

Wie bist du gestorben, Ruth? Du lebtest so gerne und du wolltest leben. Du liebtest die Menschen, die Tiere. Du hattest Freude an Festen und Spielen. Und du maltest so gerne. Aber auch die Zeichnungen, die du mir geschenkt hast, sind nicht mehr.

In meinen Träumen sehe ich immer wieder dein Bild, höre deine Stimme von weit her. Nicht nur heute abend in der Synagoge denke ich an dich. Es sind Gedanken der Trauer, aber auch des Dankes.

Du hast in der kurzen Zeit unseres Zusammenseins meinem Leben eine entscheidende Richtung gegeben: auf den jüdischen Menschen zu, auf den jüdischen Glauben und auf jüdisches Denken zu, und nicht zuletzt auf den Glauben an den Messias Jesus.

Die Zeitschaltuhr hat das Licht in der Synagoge abgeschaltet. Nur das Ewige Licht verbreitet einen schwachen, roten Lichtschimmer. Aus den Ecken und Winkeln kriechen kühle Schatten auf mich zu. Mich friert.

Meine Gedanken bewegen sich im Kreis: Unsere Kinderfreundschaft wurde zerstört. Das Leben Ruths und ihrer Eltern wurde dem Machtrausch und Rassenwahn einiger geopfert. Es waren unsere Nachbarn. Wir haben mit ihnen gelebt und haben sie geliebt. Wie kann ich mit diesem entsetzlichen Geschehen, das ihnen widerfuhr, umgehen? Richten darf und kann ich nicht. Doch vergeben kann ich auch nicht. Vergeben kann ich nur das mir selbst Widerfahrene. Gott allein wird richten und vergeben. Was bleibt, ist eine unauslöschliche Trauer. Sie allein ist Antwort auf das Ungeheure des Geschehens. Ruth hat mir ungewollt und unbewußt ein strenges Vermächtnis hinterlassen: die Erinnerung. Nichts, was ihr und ihren Eltern widerfahren ist, darf ich vergessen.

»Wer keine Erinnerung hat, hat keine Zukunft.« (Primo Levi)